KB270331

SPARKNOTES™

체호프 단편선

Chekhov Stories

안톤 체호프

다락원 | Spark Publishing

SPARKNOTES 050

체호프 단편선

펴낸이 정규도
펴낸곳 (주)다락원

초판 1쇄 인쇄 2011년 10월 7일
초판 1쇄 발행 2011년 10월 14일

책임편집 안창열
디자인 정현석
번역 마도경
표지삽화 손창복

다락원 413-830 경기도 파주시 문발로 211
내용문의: (031)955-7272(내선 400)
구입문의: (02)736-2031(내선 112~114)
Fax: (02)732-2037
출판등록 1977년 9월 16일 제300-1977-23호

Copyright © 2011, 다락원

값 7,000원

ISBN 978-89-277-1999-1 43740

세계의 교양을 읽는다

고전을 왜 읽는가?

인간의 삶과 세상에 대한 영원한 물음이 있기 때문이다. 시대와 사상을 뛰어넘어 지금 여기 우리에게 필요한 물음이 없는 고전은 더 이상 고전이 아니다. 인간과 삶에 대한 근원적인 물음 없이 고전을 읽는다면 자신과 인간에 대한 성찰과 지혜로 이어지지 않는다. 논술 시험 때문에, 과제물 때문에, 아니면 남들이 읽으니까, 나도 읽는다는 식이라면 그 책은 죽은 책일 수밖에 없다.

고전을 살아 있는 책으로 만드는 이 '물음!'에 답하기 위해서는 좋은 길잡이가 필요하다. 오랜 기간 동안 미국의 고교생과 대학 주니어들이 시험, 에세이 작성, 심층토론 준비를 위해 바이블처럼 애용해온 'SPARKNOTES'와 'CliffsNctes'는 바로 그런 좋은 길잡이의 표본이다.

SPARKNOTES와 CliffsNotes의 가장 큰 장점은 방대하고 난해한 고전을 Chapter별로 요약하고 분석해서 원전의 내용에 보다 쉽고 체계적으로 접근하는 신속·간편성이라고 할 수 있다.

대입논술로 고민하고, 자칭 타칭의 고전이 넘쳐나는 오늘의 독서 풍토에서 지적 정복이 긴박한 대한민국 학생들에게 감히 이 시리즈를 자신있게 권한다.

—以貫之 논술연구모임 연구실장 이호곤

차례

이 책의 구성

SPARKNOTES와 CliffsNotes는 방대하고 난해한 원작을 보다 쉽게 이해할 수 있도록 돕는 안내서입니다. 여기에는 원작 이해를 돕기 위해 매 장마다 '요점 정리(또는 줄거리)'와 '풀어보기'가 실려 있습니다. '요점 정리(또는 줄거리)'에는 원저의 내용을 일목요연하게 정리해 놓아 저자가 전달하려는 내용을 어렵지 않게 파악할 수 있습니다. '풀어보기'에서는 철학서의 경우, 원저에 담긴 저자의 사상이나 관련 철학, 시대 상황, 논점 등을, 문학 작품인 경우에는 원작에 담긴 문학적 경향, 등장인물의 심리상태, 주제 등을 설명해 놓았습니다. 분석적이고 비판적인 글읽기의 바탕이 되는 요소들이죠. 비소설이나 소설을 각론하고 분석적이고 비판적인 글읽기는 독자에게 꼭 필요한 자질입니다.

그밖에도 원저를 좀더 깊이 복습해서 제대로 소화할 수 있도록 돕기 위해 'Study Questions'와 'Review Quiz' 등을 마련해 놓았습니다.

* 〈　〉는 철학서, 장편소설, 중편소설, 수필집, 시집. "　"는 단편소설, 논문
* 작품명은 독자의 이해를 돕기 위해 예외적인 경우를 제외하고는 영어식으로 표기함.

간추린 명작 노트

안톤 파블로비치 체호프(Anton Pavlovich Chekhov)는 1860년 1월 17일, 러시아 남부의 아조프 해 연안에 위치한 작은 항구도시 타간로그에서 파벨 예고로비치 체호프와 에프게니아 야코플레브나 모로조바의 셋째 아들로 태어났다. 할아버지는 농노였고, 아버지는 잡화상이었다. 아버지는 체호프가 열여섯 살 때, 상점이 망하는 바람에 빚쟁이들을 피해 모스크바로 피신했다. 그 해 7월, 어머니는 체호프를 제외한 나머지 자식들을 데리고 남편을 찾아갔다. 1879년, 모스크바의 가족과 합류한 체호프는 의과대학에 재학하며 단편소설들을 쓰기 시작했고, 죽을 때까지 의사와 작가라는 두 직업을 오갔다. 1887년, 희곡 〈이바노프 *Ivanov*〉를 무대에 올렸으며, 1888년에는 단편 모음집으로 '푸슈킨 상(Pushkin Prize)'을 수상했다. 대다수의 작품은 단편소설 작가로서 가장 왕성한 창작력을 발휘했던 1885년과 1899년 사이에 저술했으며, 이후에는 많은 희곡을 발표했으나 희곡 〈바냐 삼촌 *Uncle Vanya*〉(1900)과 〈벚꽃 동산 *The Cherry Orchard*〉(1904)은 찬사와 함께 많은 러시아 비평가들로부터 기존 작품들에서 나타나는 탄탄한 구조와 언어 구사력이 실종되었다는 비판을 받기도 했다.

단편 작가로서의 체호프는 모파상, 톨스토이, 투르게네프 같은 문학계 거장들의 은덕을 많이 입었다. 그러나 그 역시 등장인물, 분위기와 배경의 섬세한 묘사, 탁월한 산문 구사력 등을 통해 E. M. 포스터, 버지니아 울프 같은 작가들에게 커다란 영향을 미쳤으며, 더 나아가 해학과 비애감을 엮어 인간사의 사소한 모습들을 과장하는 양면적 문체와 간결한 언어는 단편소설이라는 문학 장르의 재정의(再定義)에 기여했고, 독자들에게 이후에 일어날 일을 스스로 추측할 여지를 주기 때문에 더 현실적이고 큰 비애감을 자아내는 반(反) 클라이맥스 결말, 즉 극적인 결말이 기대되었으나 이유 없는 긴장 해소로 끝나버리는 제로 엔딩도 발전시켰다. 게다가 종종 결말을 도저히 짐작할 수 없는 소위 서프라이징 엔딩도 함께 사용했기 때문에 독자들은 그의 작품들이 발표된 지 100년이 넘은 지금도 그 신선함과 독창성에 감탄을 금치 못한다. 등장인물들을 호의적으로 그리면서도 서슴없이 그들의 단점, 성격상 결함, 인간적 약점들을 부각시키는 체호프의 작품들은 사소한 일상사 속에서 날카롭게 포착한 진짜 삶의 모습을 상세히 전달하는 데 독보적인 인간미 넘치는 가공의 이야기들이다.

"체호프의 소설들을 읽고 있으면, 파닥거리는 새처럼 삶 자체를 양손에 살포시 쥐고 있는 듯한 느낌을 받는다."―데이비드

마가섀크(David Margarshack. 라트비아 태생의 러시아 문학 전문 번역가 겸 전기 작가)

체호프의 삶도 자신이 창조한 인물들처럼 비극의 영향을 받았다. 런던 대학교의 도널드 레이필드(Donald Rayfield) 교수는 체호프가 재능 있는 동생 니콜라이의 때 이른 죽음, 가족 해체, 많은 친구들의 자살 같은 비극적 사건들을 '소설 속에서 애도'했지만, 그 사건들은 인간의 고통에 대한 그의 이해와 진보적 사고(思考)를 고양시켰고, '부분적으로는 대담한 현대적 도덕관념을 낳았다'고 평가했다. 그러나 유감스럽게도 이 작가의 삶은 수월해지지 않았다. 1898년, 폐결핵이 악화되자 모스크바의 부산한 생활을 접고, 흑해 연안의 얄타(가장 유명한 단편 "개를 데리고 다니는 여인 The Lady with the Dog"의 배경)로 옮겨가 조용히 지냈으며, 1901년 5월 25일에는 모스크바 예술극장[*]에서 그의 작품들에 주연으로 출연한 적이 있는 올가 크니페르와 결혼했으나 1902년, 아내의 유산(流産) 때문에 함께 지낸 시간은 그리 많지 않았다. 체호프는 1904년 7월 2

---

* **모스크바 예술극장**(Moscow Art Theatre): 19세기 말, 러시아 연극계를 지배하던 멜로드라마가 아니라 새로 등장한 자연주의 연극의 온상으로 여겨졌으며, 체호프의 대표작 네 편을 공연하면서 순식간에 유명해졌다. 러시아 혁명 이후에 사회주의적 사실주의 연극의 산실로서 정부의 전폭적인 지원을 받았으며, 아직도 붉은 광장 인근의 츠베르스카야 거리에서 작품을 무대에 올리고 있다. 1897년 설립되었으며, 갈매기가 마스코트.

일, 의사의 권고에 따라 아내와 함께 머물던 독일의 한 온천요양지에서 세상을 떠났으며, 시신은 '싱싱한 굴'이라고 적힌 화물칸에 실려 러시아로 돌아왔다.

| **Who's who** |

알렉산드르 푸슈킨(Aleksandr Sergeevich Pushkin. 1799-1837): 러시아 시인, 소설가. 민중에 대한 관심을 바탕으로 농노제 하의 나라 안 현실을 정확히 그려내기 위해 노력한 러시아 사실주의 문학의 확립자. 주요 작품은 〈대위의 딸〉 등.

모파상(Guy de Maupassant. 1850-93): 프랑스 소설가. 작품에서는 무감동적인 문체를 사용하고, 성격이상자 또는 염세주의적 인물을 등장시키는 것이 특징이다. 주요 작품은 〈비곗덩어리〉, 〈여자의 일생〉 등.

레오(레프) 톨스토이(Leo Nicolaevich Tolstoy/ Lev Nikolaevich Tolstoi. 1828-1910): 러시아 소설가, 시인, 사상가. 1890년대 후반에 죽음에 대한 공포와 삶에 대한 회의 때문에 괴로워하다가 원시 기독교에 복귀할 것을 주장하면서 러시아정교회와 사유재산제도를 비판하고 종교적 인도주의인 톨스토이즘을 일으켰다. 주요 작품은 〈전쟁과 평화〉 등.

투르게네프(Turgenev. 1818-83): 러시아 소설가. 농노제 등에 대한 세밀하고 사실주의적인 묘사를 통해 러시아의 사회·정치적 현실을 고발하고 비판했다. 주요 작품은 〈첫사랑〉 등.

E. M. 포스터(Edward Morgan Forster 1879-1970): 영국 소설가. 계급, 억압, 신비주의, 성 정체성, 개인주의, 영국 제국주의 등의 주제를 탐구하며 영국 사회의 모순을 들춰내 사회개혁에 힘썼다. 주요 작품은 〈전망 좋은 방〉 등.

버지니아 울프(Virginia Woolf. 1882-1941): 영국 소설가. 특별한 줄거리 없이 마구 떠오르는 등장인물들의 생각과 느낌을 그대로 서술하는 '의식의 흐름' 기법의 개척자. 주요 작품은 〈댈러웨이 부인〉 등.

등장인물

● **드미트리 구로프** Dmitri Gurov │ "개를 데리고 다니는 여인 The Lady with the Dog"의 주인공. 인생에 만족하지 못하는 30대 후반의 관료인데, 안나와 사랑에 빠지는 자신의 모습에 놀란다. 체호프는 그를 통해 염세적 태도와 개인의 자기이해(自己理解) 추구를 탐색한다.

● **안나 세르게예브나** Anna Sergeyevna │ 구로프의 연인이며, 역시 시골 생활에 불만이 가득하다. 고상한 도덕관념을 지닌 초기에는 구로프의 연인이 되면 그가 홀대할 것이라고 걱정했으나, 곧 그의 연인이 될 수만 있다면 무엇이든 희생할 수 있다는 사실을 깨닫는다.

● **그리고리 치부킨** Grigori Tsybukin │ "골짜기에서 In the Ravine"의 주인공. 마차를 타고 가다 거지들이 몰려오면, '하느님이 준비하실 것'이라고 안심시키는 전형적인 부르주아. 나중에 가족들로부터 버림받는 대목에서는 얄궂은 운명의 반전을 느낄 수 있다.

● **리친** Lyzhin │ "공무로 On Official Duty/ Business"의

주인공. 한 오지마을에서 일어난 자살사건의 사인규명을 위해 대기하고 있는 20대 치안판사인데, 모스크바 사회에서 입신하기를 바라는 야심가. 그러나 다른 사람들의 고통과 고난에 여전히 갈등한다는 점에서 동료이자 무뚝뚝하고 이기적인 의사 스타르첸코와 상반된다.

● **의사 스타르첸코** Dr. Starchenko | 사인규명 임무를 수행하기 위해 리친과 동행한 외과의사. 리친보다 나이가 많고, 자신의 안락함을 훨씬 더 챙기는 인물. 체호프는 이 의사를 통해 사회적 양심이 결여된 전둔직 종사자의 성공 모습을 그리고 있다.

● **안드레이 코브린** Andrei Kovrin | "검은 옷을 입은 수도승 The Black Monk"의 주인공. 정신적으로는 불안정하지만 지적 능력이 뛰어난 인물. 폐결핵으로 죽기 전, 환각상태에 빠져 하느님의 선택을 받은 사람이라고 믿는다. 체호프는 그의 병을 통해 예술적 천재성과 자기기만의 경계선을 모호하게 만들고 있다.

● **제롬** Jerome | "부활절 전날 밤 The Night Before Easter"에서 익명의 화자('나')를 배에 태워 골트바 강을 건네주는 뱃사공. 단어들과 음악에 불가사의할 정도로 민감

하며, 어떤 면에서는 어둠 속에서 나온 신비한 유령처럼 보인다.

● **올가 디모프** Olga Dymov | "베짱이 The Grasshopper"의 주인공. 경솔하고 속물적이지만, 사랑스러울 만큼 활달한 여인. 친구들 속에서 천재를 찾으려다 결국 남편이 가장 뛰어나다는 사실을 뒤늦게 깨닫는 비극적 인물이다.

● **오시프 스테파니치 디모프** Osip Stephanych Dymov | 올가 디모프의 남편. 밋밋하고 따분한 사람 같지만, 실은 놀라운 지성의 소유자. 조용한 천재성은 아내가 교제하는 예술가들의 현란하고 과대평가된 재능과 대비된다.

● **올가 플레미야니코프** Olga Plemyanikov | "귀여운 여인 The Darling"의 주인공. 체호프는 그녀를 통해 여성들은 독자적 견해를 형성하지 말고 그저 남성들의 생각과 신념을 추종해야 한다는 철학을 공격한다.

● **이반** Ivan | "구즈베리 Gooseberries"의 늙은 주인공. 오만한 지주들을 비난하는 동시에 현실에 안주하는 자신을 자책한다. 체호프는 이반의 치열한 자기성찰을 상류층의 꼴사나운 우월의식과 대비시킨다.

● **알리오킨** Aliokhin | 이반의 친구이자, 이반이 폭풍을 피해 대피했던 큰 시골 영지의 소유주. 부유하고 만족스러운 삶을 영위하며, 아름다운 하녀까지 거느린 성공한 러시아 지주의 전형이다. 이반의 이야기를 애정 어린 마음으로 열심히 들어준다.

● **사브카** Savka | "아가피아 Agafya"의 주인공. 자유분방한 정신의 소유자. 게으르고, 사생활을 끔찍이 중시하며 여자혐오증이 심하지만, 여자들은 그를 사랑하는 것 같다. 따라서 체호프는 책임감이나 자제력이 결여된 그가 아가피아 같은 순박한 농촌 처녀들에게 내뿜는 강렬한 매력의 실체를 분석한다.

드미트리 구로프

"개를 데리고 다니는 여인"의 주인공. 여성들을 비하하고 '하부 종족'이라고 부르지만, 은밀한 자리에서는 남자보다 여자와 함께 있을 때 더 편하다고 인정한다. 결혼생활과 지루한 모스크바 사회의 틀 밖에서 기분전환거리를 찾다가 얄타의 한 휴양지에서 역시 숨막힐 듯한 일상을 탈출하기 위해 그곳을 찾은 안나를 만난다. 안나와의 관계가 깊어지면서 그동안 여자들에게 자신의 생각을 잘못 표현해 왔다는 사실을 깨닫고 물질적 충족보다는 감정적인 만족을 찾는 깊은 욕구와 충동이 솟는다. 집으로 돌아온 이후의 삶은 이제 공허하고 보람이 없는 것 같고, 순진하고 젊은 연인에 대한 기억이 머리에서 떠나지 않는다. 도널드 레이필드가 지적하듯, 체호프는 구로프의 냉소주의 및 환멸감을 안나의 이상주의 및 낭만주의와 대비시키고 있다. 이 작품에서 우리는 사랑에 빠진 뒤 세상에 대한 시각을 재검토하지 않을 수 없었던 한 사내에게 일어난 변화를 목격하게 된다.

올가 플레미야니코프

"귀여운 여인"의 주인공. 매력적이고, 너그럽고, 다른 사람들을 열심히 돕지만, '여권(女權) 결여'의 화신 같은 인물이다. 어떤 문제에서도 자신의 의견을 정립하지 못하기 때문에 항상 배우자의 신념을 다르고, 결과적으로 남성의 지적 능력에 의지를 종속시킨다 당연히 두 남편—극장 소유주 쿠킨과 목재상 푸스토발로프—과 살 때는 어느 정도 행복을 얻지만, 순전히 인생관을 남편들의 인생관에 꿰어 맞추기 때문에 가능한 일이다. 사람들이 귀여운 애완동물처럼 여기며 지어준 별명 만인의 '달링(귀여운 여인)'은 지독히 반어적이면서 애처롭다. 이처럼 체호프는 짜증과 동정을 동시에 불러일으키는 주인공들을 내세워 독자들이 이중적인 반응을 갖도록 유도한다. 우리는 그녀가 이야기 속에서 진화하지 않고, 더 외로워지고 남자의 애정에 더 목을 매는 인물로 변할 뿐이란 사실을 깨닫게 된다. 옛 연인 스미르닌에게서 감정적 만족을 기대할 수 없기 때문에 그의 아들 사샤에게 모든 관심을 쏟으면서 아이의 의견을 맹목적으로 따르고, 아이를 학교에 직접 데려가주는 번거로움을 마다하지 않는다. 독자들은 그녀가 신속하게 사람들의 애정을 얻지만, 게으름과 지적 자율성의 결여가 만든 감옥에 갇힌 채 결코 존경심은 끌어낼 수 없다는 것을 알게 된다.

안드레이 코브린

　　"검은 옷을 입은 수도승"의 주인공. 천재성을 추구

하는 작업에 몰두하느라 폐결핵을 가볍게 여기며, 오만할 정도로 활기차고 강인한 정신력의 소유자지만, 정말 괴이한 성격은 환각 증세를 보이기 시작할 때 나타난다. 그에게 '하느님께 선택받은 소수 가운데 한 사람'이라고 말하는 검은 옷을 입은 수도승의 환상을 본 뒤로, 성공했지만 불만족스러운 지식인에서 '눈부시게 빛나고 영감을 얻은 듯한 인물'로 변하는 것. 그러나 그가 '특이한 시각'을 가졌다는 사실에는 모든 사람이 동의하는데, 체호프는 이 같은 방식으로 타고난 천재성과 지독한 정신착란의 차이점을 모호하게 만든다. 자신이 단순한 천재가 아니라, 인도주의를 실천하기 위해 신이 선택한 천재라고 믿으면서 정신과 치료를 받은 뒤 더욱 괴로워하고 사악해지는데, 우리는 여기에서 그가 광인이었을 때 느끼는 환희를 되찾고 싶어할 뿐이란 사실을 알 수 있다. 따라서 체호프는 정신병에 대한 독자들의 여러 반응을 떠보면서 그의 정신병이 지닌 긍정적 효과와 부정적 효과를 모두 보여주지만, 이 같은 효과들은 시간이 갈수록 부정적으로 변한다. 그리고 그가 두 번째로 광인이 될 때는 세상의 질서가 무너지는 모습을 보여주는데, 아내 타냐와 결별하고, 장인 예고르는 죽고, 과수원은 황폐화되지만, 그는 자신의 천재성을 확신하고 환희 속에서 죽음을 맞는다. 따라서 독자들은 정신병이 사람을 괴롭힐 뿐만 아니라 구원할 수도 있다는 느낌을 갖게 된다. 끝까지 체호프는 주인공에 대해 양면적이면서도 개인적 판단을 보류하는 방식을 취하는 것.

올가 디모프

"베짱이"의 주인공. 곧 성공할 가능성이 농후한 미술가, 작가, 음악가들과의 교제에 힘쓰는 변덕쟁이 사교광이며, 명사들에게 열광한다. 그러나 체호프는 그녀가 궁극적으로 현실을 잘못 인식했다고 암시한다. 거만한 연인 랴보프스키에게 환멸을 느끼게 되고, 남편 오시프가 병이 걸렸을 때 자기가 그동안 남편의 천저성을 간과했던 사실을 깨닫는 자기현시(顯示)의 순간을 겪는 것. 작품 도입부에서 화자는 "아무도 오시프의 존재를 별로 기억하지 않았다"고 말하지만, 결말 부분에서 그녀는 지인들 가운데 오시프—조용하지만 믿기 어려운 재능을 타고난 외과의사—가 진정으로 총명한 사람이라고 깨닫는다.

주제, 모티프, 상징

| 주제 |

문학작품에서 전체 내용을 관통하는 근본적이고 포괄적인 생각.

죽음과 질병

질병은 체호프의 작품들에서 눈에 띄게 다뤄지며, 주인공들은 종종 비극적이고 때 이른 죽음을 맞는다. 작가 자신이 성인 시절 대부분을 폐결핵과 싸우다 마흔네 살에 세상을 떠났다는 점을 감안하면, 병의 개념이 끈질기게 그의 머릿속에서 떠나지 않은 것 같다는 사실은 그다지 놀랄 일이 아니다. "검은 옷을 입은 수도승"과 "베짱이" 같은 작품에서 질병은 흔히 등장인물의 심리적 동요를 육체적으로 드러내는 역할을 하고 있다. "베짱이"에서 오시프는 아내의 불륜에 절망한 나머지 병에 걸리고, "검은 옷을 입은 수도승"에서 체호프는 코브린의 정신병 증상을 폐결핵 증상과 교묘하게 섞어놓는다. 이 주제를 반복 사용하는 이유는 체호프가 환자라거나 자기연민 때문이 아니라 자신의 의지보다 훨씬 더 거대한 힘들에 대한 인간의 굴종을 인정하기 때문이다. "검은 옷을 입은 수도승"에서도 알 수 있듯이, 작가는 죽어가는 주인공의 상징적 힘을 통해 변덕스런 운명에 대한 인간의 무기력뿐만 아니라 인생의 덧없음을 강조하고, 질병을 사회적 퇴보의 반영이라고 진단한다. 예컨대, 본인의 결혼생활을 망치고, 장인 예고르를 죽게 하고, 장인의 소중한 과수원을 황폐화시키는 코브린의 정신병은 전체 사회의 해체를 상징하는 것 같다. 따라서 체호프는 사회 속의 점증하는 갈등뿐만 아니라 개인의 나약함을 암시하기 위해 질병에 초점을 맞추고 있는 것이다.

환멸과 실패한 이상들

체호프의 작품들은 많은 종류의 실망과 실패한 이상들을 상세히 분석하는데, 주인공들은 흔히 자신의 개인적 철학과 세상에 대한 이해를 재평가하게 만드는 여러 사건들을 겪다가 결말에 이르러 미몽에서 깨어난다. 그 같은 클라이맥스는 "부활절 전날 밤"에서 화자가 제롬을 대낮에 보고 평범한 사람에 불과하다는 사실을 깨닫듯이 약간 감상적인 것에서부터 "귀여운 여인"의 주인공처럼 좌절된 꿈, 외로움, 연인 관계의 단절과 씨름하면서도 결코 근본적으로 세계관을 바꾸지 않는 등, 다양하다. 그 결과, 체호프의 작품들은 직관적 인식이나 반(反) 클라이맥스(이런 결말은 각각 '제로 엔딩'이나 '서프라이즈 엔딩'으로 불림)의 순간으로 결말이 나는데, 주인공들은 세상에 환멸을 느끼고 망

가지든지, 더 나은 미래에 계속 희망을 품든지, 둘 중 하나다.

귀족 사회의 붕괴

체호프가 한 살 때였던 1861년, 러시아 황제 알렉산드르 2세의 농노해방 조치는 새로운 시대의 도래와 귀족적 특권의 붕괴를 알리는 전조인 것 같았다. 그러나 실제로 농민들은 여전히 빈곤하고, 힘도 없었으며, 땅에 예속되어 있었다. 많은 지식인들은 땅과 교육에 대한 평등한 권리와 자유 사상을 놓고 토론을 벌이기 시작했다. 체호프는 구(舊) 체제의 몰락에 대해 드러내 놓고 견해를 제시하지 않았으나, 그의 작품들은 그 역시 그 논쟁에 휘말려 있었다는 사실을 보여주지만 변화를 대하는 태도는 아주 미묘하다. 그의 작품들 속에서 혁명들은 긍정적이지도 않고, 부정적이지도 않은 경우가 흔하며, 단지 기존 체제의 수정판일 뿐인 것. 변화가 나쁜 쪽으로 드러나는 유일한 경우는 예고르의 과수원이 더 젊은 세대의 손으로 넘어가 결국 황폐화되는 "검은 옷을 입은 수도승"이다.

| 모티프 |

작품의 대표적인 주제들과 관련하여 전체에 통일감을 주는 것으로, 되풀이되는 구조나 대비, 또는 문학적 장치, 등.

의사소통과 의사소통의 단절

체호프의 작품들에서는 아주 중요한 모티프인데, 특히, 사회적으로 상이한 계급들 사이의 의사소통 정도와 사회적 불평등에 대한 그들의 다양한 시각에 초점을 맞추고 있다. 일부 등장인물들은 그 문제를 검토하기 위해 긍정적 조치를 취한다. 예를 들어, "구즈베리"에서 이반은 지주들과 농민들 사이의 의사소통 창구를 열고자 한다. 그러나 "골짜기에서"는 그 창구는 때때로 존재하지 않거나 쉽사리 와해된다. 서로의 관점을 이해하지 못하는 경우도 종종 있다. 예를 들어, "공무로"에서 경찰관 르샤딘은 조사를 위해 마을을 찾은 치안판사에게 의무와 개인적 책임에 대해 말하지만, 젊은 판사는 대화를 통해 생기가 돌기보다는 더 우울해지는 것 같다. 좀더 개인적 차원에서는 "귀여운 여인"의 올가는 자신의 견해가 없는 인물이지만, "개를 데리고 다니는 여인"의 구로프는 아내나 친구들과 대화가 통하지 않는다는 사실을 깨닫는다. 따라서 체호프의 작품에 등장하는 대다수 인물들은 상호간의 이해를 추구하지만, 의사소통 능력이나 적극성이 부족하다.

자연세계

"아가피아"는 러시아의 시골을 배경으로 삼고 있으며, 아름다운 풍경 묘사에 초점을 맞추고 있다. 체호프는 등장인물들과 그 땅의 관계, 그리고 사회적 지위에 따른 관계의 변화 혹은 무변화에 흥미를 느꼈던 것이 분명하다. 농부들은 하루 끼니를 위해 일하는 반면, 일부 상류층 사람들은 우아한 마차를 타고 영지를 둘러보며 풍경에 감탄한다. 흔히, 체호프의 소설에서 다양한 야생생물과 주변세계의 규모에 충격을 받는 쪽은 귀족 출신 인물들이다. 예컨대, "개를 데리고 다니는 여인"의 주인공 구로프는 얄타의 전망 좋은 지점에서 바라본 아름다운 바다 풍경에 탄복하는데, 이처럼 자연은 등장인물들에게 끊임없이 두려움, 경이로움, 혹은 불안감을 안겨준다.

| 상징 |

추상적인 관념이나 개념을 표현하기 위해 사용하는 사물, 기호, 인물, 색, 등.

밤하늘

우주는 체호프의 많은 작품에서 상징적 중요성을 띠고 있다. 특히 "부활절 전날 밤"의 주인공은 별이 빛나는 광대한 밤하늘에 감동하는 반면, "골짜기에서"의 리파는 달과 별을 보며 인류에 대한 자연의 무관심을 나타내는 빛나는 상징으로 여긴다. 따라서 밤하늘은 등장인물의 성격에 따라 감탄이나 절망의 이유가 될 수 있는 것이다.

음식과 술

의복이나 집처럼, 등장인물들의 부(富)와 사회적 지위를 상징한다. "아가피아"의 농부 사브카는 삶은 달걀과 '기름진 케이크'를 좋아한다. 반면, "골짜기에서"의 치부킨 가족은 농부들이 굶주릴 때 집에서 만든 잼과 성찬을 하루에 네 번씩 배터지게 먹는다. 이처럼 체호프의 작품에서 실제적 의미뿐만 아니라 상징적 의미도 갖는 음식은 부와 계급의 표시이자, 독자들에게 등장인물들이 사회에 대해 품을 법한 견해를 짐작할 수 있는 단서를 제공한다.

Story별 정리 노트

"개를 데리고 다니는 여인"

얄타에 머문 지 2주 정도 지난 드미트리 구로프는 하얀 포메라니아(발트해에 면한 옛 독일 동북부가 원산인 개)를 데리고 해변을 산책하는 중키에 베레모를 쓴 젊은 금발 여인에게 관심을 갖는다. '심술궂고 속 좁은' 아내가 싫어 집을 멀리하고 오래 전부터 숱한 염문을 뿌려온 그는 여성을 '하등 종족'이라고 부르며 얕보지만, 남자보다는 여자와 어울릴 때가 더 편안하고, 외모와 성격에는 여자들을 유혹하는 알 수 없는 매력도 지닌 인물이다.

어느 날 저녁, 드미트리가 공원에서 식사를 하고 있을 때, '개를 데리고 다니는 여인'이 옆 탁자에 자리를 잡았다. 그녀의 표정, 옷차림, 머리 모양을 보고 첫눈에 그녀가 기혼이며, 초행길인 얄타에서 따분한 시간을 보내고 있다는 사실을 감지한 드미트리는 개에게 관심을 보이며 접근해서 그녀의 이름은 안나 세르게예브나이고, 휴가차 왔다는 사실을 알아냈다. 두 사람은 다음 주까지 여러 차례 만나며 가까워졌고, 드미트리는 그녀에게서 발랄하고 순박한 모습에 깃든 매력과 함께 슬픔의 자취도 간파했다. 안나는 그가 이제껏 어울렸던 아름다운 얼굴에 때때로 '탐욕스러운 표정'이 드러나곤 했던 나이든 여자들과 달리, 신선하고 때 묻지 않은 태도로 그의 욕망을 자극했다. 특히, 그는 자기 딸을 연상시키는 '미숙한 젊음의 경직된 태도, 즉 수줍음'에 이끌렸다. 매일 저녁, 그들은 휴양지 오리안다의 전망 좋은 곳에서 얄타에 떨어지는 석양의 '아름답고 장엄한' 풍경을 바라보며 새삼스레 감탄했다. 유일하게 안나의 행복을 망치는 것은 남편 디데리츠 공이 사람을 보내 자기를 데려가리란 생각과 드미트리와 동침한 뒤 그의 존경심을 잃었을지 모른다는 두려움이다. 결국, 디데리츠 공은 안나에게 귀가를 촉구하는 편지를 보내고, 그녀는 드미트리와 헤어지며 묘한 안도감을 느꼈다.

이어 클럽에 가고, 신문을 읽고, 은행에서 일하는 등, 모스크바에서 지내는 드미트리의 틀에 박힌 일상사가 묘사된다. 드미트리는 안나에 대한 기억은 곧 사라질 것이며, 평화와 만족 속에서 일상생활을 지속할 수 있다고 생각하지만, 머지않아 주변의 '쓸데없는 짓거리와 대화'에 점점 넌더리를 치다가 안나를 만나러 직접 찾아가기로 결심하고 'S---' 행 기차에 몸을 실었다. 주인공은 디데리츠 공의 저택에서 불과 몇 걸음 떨어진 곳에 이르러 안나가 나와 말을 걸어주기를 바랐으나 그 소망이 이루어지지 않자, 그날 저녁 혹시나 하는 마음으로 오페레타(경가극) 〈게이샤〉가 공연되는 극장에 갔다가 아첨 잘하고 불성실하게 생긴 남편과 앉아 있는 안나를 발견했다. 휴식 시간, 드미트리는 디데리츠 공이 담배를 피우기 위해 극장 밖으로 나간 틈을 놓치지 않고 다가가 사랑을 고백했고, 안나는 그가 그리웠노라고 대답하면서도 그곳까지 찾아온 것을 호되게 꾸짖었다. 그들은 안나가 부인과 진료를 핑계로 모스크바를 찾아와 다시 만나기로 약속하고 헤어졌다.

작품은 안나가 모스크바 방문과 거짓된 삶에 대해 느끼는 괴로움을 묘사하며 끝이 난다. 드미트리는 사태의 진전에 아주 만족하지만, 처음으로 사랑에 빠진 징후들에 당혹감을 느낀다고 시인한다. 나이를 먹고 머리가 희끗희끗한 중년 사내가 본래와는 다른 모습으로 여자들을 유혹했다며 자책하고 성심껏 안나를 위로하는 것. 그러나 그는 그들 두 사람이 '견딜 수 없는 속박의 사슬'에서 풀려나 공개적으로 같이 살 수 있는 길은 요원하다는 사실을 잘 알고 있다.

"개를 데리고 다니는 여인"은 아마도 체호프의 작품들 가운데 가장 유명하고 사랑받는 단편이며, 결코 필요 이상의 말을 하지 않는 작가 특유의 섬세하면서도 강렬한 문체를 보여주는 전형적인 예다. 체호프는 복잡한 감정을 겨우 몇 마디 말로 전달함으로써 등장인물들의 치열한 감정을 보전한다. 예컨대, 안나의 고향을 찾아간 드미트리가 극장에서 그녀를 처음 보는 장면.

"그녀, 결코 두드러지지 않고, 한 손에 평범한 오페라 안경을 들고 시골 관객들 틈 속에 파묻혀 있는 그 작은 여인이 지금은 그의 삶 전부를 채우고, 그의 슬픔이자 기쁨이라고… 그는 생각했고 꿈꿨다."

작가는 마치 캔버스에 그림을 그리듯 서술함으로써 규모는 크지만 친밀한 느낌이 드는 작품을 만들어냈으며, 색깔들을 매우 자극적인 것에서 단조로운 것으로 바꿔가면서 등장인물들의 변화하는 마음과 느낌을 모두 전달하고 있다. 예컨대, 나이가 들어가는 드미트리는 머리가 회색으로 바뀌고, 회색 양복을 즐겨 입는다고 묘사하는 반면, 얄타 해는 "연하고 따스한 라일락 색조를 띠고 있으며, 그 위에는 달에서 쏟아지는 황금색 빛줄기가 드리워져 있다"는 식으로 낭만적인 오아시스, 즉 안나와 드미트리가 어디에서도 다시 만들어낼 수 없는 색깔, 자유, 사랑이 있는 장소로 제시하고 있다.
두 연인은 서로 상대방에게 어떤 의미로 다가가고 있는

지 걱정하는데, 안나는 드미트리가 '천한 여자'로 여길지 몰라 초조한 반면, 드미트리는 안나가 자기를 '친절하고, 예외적이며, 고상한' 사람으로 잘못보고 있다고 짐작한다. 그들은 모두 자신들의 관계가 현재의 욕정뿐만 아니라 과거의 실망과 미래에 대한 희망 위에 세워졌다는 사실을 알고 있기 때문이다. 이런 식으로 작가는 등장인물들이 서로 주고받는 말의 틀을 벗어나서는 존재하지 않는다는 독자의 암묵적인 생각을 농락하고 있지만, 분명한 사실은 그들도 이 작품 속에서 전달되는 짧은 기간에 의해 규정되는 만큼이나 과거와 미래에 대한 꿈에 의해 규정되는 사람들이란 점이다. 도널드 레이필드가 지적하듯, "개를 데리고 다니는 여인"은 결말보다는 시작에 대해 더 많이 이야기하고 있다. 체호프의 이야기 속에서는 사건이 직선적으로 전개되지 않기 때문에 독자들은 그 경계 밖에서 벌어진 일에 대해 의문을 품게 되고, 등장인물들이 이어갈 삶에 대해 궁금증을 갖게 된다.

사실, 이 작품을 제대로 이해하려면, 묘사된 사건들 이전에 벌어진 일과 그 이후에 벌어질 일을 추측해야만 한다. 오랜 세월 동안 자신을 속여 왔다는 사실을 깨닫는 시기에 안나를 기만하는 드미트리는 연애 사업이 황혼기에 접어든 난봉꾼으로 해석할 수 있으나, 젊은 애인의 순진한 낭만주의에 넋을 빼앗기면서 궁극적으로 구원되었기 때문에 확신을 찾아 헤매는 남자로 이해될 수도 있다.

이 작품 자체에는 애매모호한 부분이 많은데, 우리는 안나가 삶에 대한 드미트리의 욕망에 다시 불을 지폈을 뿐만 아니라, 그녀에 대한 사랑은 그의 가정관을 변색시키는 동시에 복잡하게 만들었다는 사실도 알 수 있다. 드미트리는 얄타의 경치를 그지없이 장대하고 아름다운 것으로 기억하고 있기 때문에 모스크바는 마치 정신병원에 갇혀 있거나 징역살이를 하는 것처럼 끊임없이 따분하게 여겨진다. 체호프는 드미트리에게는 사랑의 세계와 여자의 세계는 간단한 것이 아니며, '하등 종족'에 대한 그의 집착은 혼동과 미래의 구원에 대한 실낱 같은 희망에 의해 보상된다고 암시한다.

이 작품은 드미트리가 두 개의 삶 '구태여 알고자 하는 사람은 누구나 보고, 알 수 있는 공개된 삶'과 '은밀하게 갈 데까지 가는 삶'이 있다는 사실을 자각한다는 전형적인 애매모호한 말과 함께 끝난다. 두 사람이 그들의 공포를 해결할 수 있는 유일한 방법은 '새롭고 찬란한 삶'을 시작할 준비가 되어 있다는 사실을 인정하는 것이다. 비록 공개적으로 그 삶을 즐기려면, 먼 훗날까지 기다려야겠지만.

"골짜기에서"

:줄거리

산골짜기에 위치한 우클리보는 마을에서 조금 떨어진 세 군데의 작은 옥양목 공장에서 배출되는 오염물질로 더럽혀진 것 이외에는 딱히 특징이 없는 척박한 곳이다. 불만 가득한 농부들이 살고 있는 이 마을은 얼마나 별 볼 일 없으면 한 교회지기가 어떤 공장주의 장례식에서 캐비어를 모조리 먹어 치운 10년 전 사건이 아직까지도 회자될 정도다.

홀아비 그리고리 치부킨은 외견상으로는 잡화점을 운영했지만, 밀주 제조 및 판매, 가축이나 가죽 취급, 이자놀이 등, 그때 그때 돈 되는 일이라면 무엇이든 손을 대는 임기응변에 능한 약삭빠른 노인이다. 큰아들 아니심은 형사였고, 차남은 아버지를 도왔으나 몸이 약하고 귀머거리여서 큰 보탬이 되지는 않았다. 치부킨은 이 세상에서 가족을 누구보다 사랑했으며, 특히 큰아들과 이른 아침부터 밤늦게까지 부지런히 남다른 사업수완을 발휘하며 시아버지 일을 돕는 '잘생긴' 작은며느리 아크시니아를 좋아했고, 그녀는 당연히 자기가 시아버지의 사업을 물려받게 될 것이라고 생각하고 있었다.

치부킨은 가문 좋고, 예쁘고, 밝은 미소를 지닌 바르바라 니콜라예브나를 새아내로 맞이했고, 더불어 집안에는 웃음이 넘쳐나며 분위기가 환해졌다. 많은 사람들이 치부킨의 복 많은 삶을 칭송했지만, 그렇다고 모두들 좋은 말만 하지는 않았다. 예를 들어, 마을 농부들은 '늙은 치부킨'이 자신들의 빈곤한 처지에 대해 말만 뻔지르르하고 실상은 무관심하다며 원망했다. 실제로 그는 거지들이 구걸하면, 거만한 태도로 "하느님께서 준비하실 것이다!"라는 말을 남긴 채 더 많은 돈을 벌기 위해 마차를 타고 내뺐다. 반면, 바르바라는 거지, 순례자, 가난한 이웃들에게 돈, 빵, 옷가지, 심지어 가게 물건까지 제공했는데, '그녀의 자선행위는 견디기 힘들고 혼란스러운 시기에 기계 속의 안전밸브 같은 효과'를 냈다. 이처럼 치부킨 집안은 탐욕스럽고 분열되어 있으며, 마을이 돌아가는 낌새를 알려주는 압력밥솥 같은 세계로 묘사된다. 자기 삶에 더없이 만족하는 치부킨은 새로 구입한 말을 자랑하느라 마차를 골고 동네를 한 바퀴 돌아다니는 동안, 아크시니아는 옥양목 공장의 젊은 주인들과 어울리다가 급기야 그들의 불화와 사악한 야망 때문에 빚어진 사건 속으로 휘말려들었다.

읍내에서 지내며 큰 명절 이외에는 거의 집을 찾지 않

는 아니심은 인편에 친구 사모로도프가 써준 거창한 편지
와 선물들을 부모에게 보냈다. 치부킨 가의 사내들은 부자
였기 때문에 하나같이 예쁜 여자를 아내로 맞이했다. 아니
심도 작달막하고 허약한 체질에 외모마저 볼품없었지만, 아
버지와 계모가 골라준 이웃마을 리파와 결혼했다. 일을 다
니는 어머니와 이모 집에 얹혀살며, 역시 일을 다니는 리파
는 미모가 뛰어났으나 집안이 찢어지게 가난해서 홀아비나
나이 많은 영감이 결혼도 하지 않고 데려가야 할 정도라는
중매쟁이의 말을 듣고 바르바라가 남편과 아들을 대동하고
찾아가 결혼을 성사시켰던 것.

모종의 일 때문에 고민하던 아니심은 아버지에게 그것
을 털어놓지 않고, 당시 새로 주조된 금화를 선물했는데, 나
중에 위조주화라는 사실이 밝혀졌다. 노인은 아크시니아에
게 위조주화들을 우물 속에 버리라고 지시했지만, 그녀는
그 지시를 듣지 않고 인부들에게 임금으로 지불해 버렸다.

아니심이 주화 위조와 유통 혐의로 체포되어 수감되
자, 치부킨 집안에는 먹구름이 드리워졌다. 삶의 의욕을 상
실한 치부킨은 이발과 면도도 하지 않은 채 초라하게 변했
으며, 기력도 눈에 띄게 쇠잔해졌다. 게다가 예전에는 정기
상납으로 어물쩍 넘어갔던 밀주제조와 판매도 문제가 되어
지지부진한 재판을 받으러 읍내로 불려 다니느라 지칠 대
로 지쳤다.

아니심에게 시베리아 강제수용소 6년 징역형이 선고되었다. 젊은 아내는 갓 태어난 니키포르에게 온갖 정성을 쏟았다. 아크시니아와 달리, 야심이 없고, 편안하고 윤택한 삶도 동경하지 않는 그녀는 옛 친구 엘리자로프에게 시댁 식구들이 '무섭다'는 말을 한 것으로 미루어 탐욕스러운 가족들 틈바구니에서 사는 것이 불행해 보이고, 과도한 부(富)에도 짓눌리는 것 같다.

일부 공장주 친구들과 시아버지의 땅에 벽돌공장을 세운 아크시니아는 치부킨이 그 벽돌공장을 손자에게 물려준다는 유언장을 작성했다는 말을 듣고 분노한 나머지 문 앞에 몰려든 구경꾼들도 아랑곳없이 시아버지의 온갖 치부를 떠벌리고, 남편에게 짐을 싸서 '이 집구석을 나가자며' 빨랫줄에 걸린 자기 옷을 걷었다. 가연실색한 바르바나는 그 벽돌공장을 아크시니아에게 주어버리라고 소리쳤다. 이어 분을 이기지 못하고 부엌으로 달려 들어간 아크시니아는 빨래를 하고 있던 리파에게서 자신의 빨랫감을 낚아챈 다음, 바가지에 끓는 물을 담아 바닥에 눕혀놓은 아기에게 끼얹었다.

저녁 무렵, 아기는 병원에서 생을 마감했다. 모든 마을 사람들이 잠든 시각, 리파는 찢어지는 마음으로 아기의 시체를 안고 집으로 돌아왔다. 아크시니아는 리파를 치부킨의 집에서 쫓아냈다.

아크시니아가 가업의 지배권을 확보한 3년 후. 마을과 집안에서 권위가 녹슬었다는 사실을 깨달은 치부킨은 조용한 절망의 세계 속에서 살고 있다. 늙은 주인공은 '선과 악을 구분하지 못하기 때문에 수중에는 돈 한 푼 지니지 못하고,' '개중에는 그의 처지를 반기는 사람이 있는가 하면, 딱하게 여기는 사람도 있다.' 작품은 리파가 친정어머니와 길을 가다가 우연히 치부킨을 만나는 장면에서 끝이 난다. 연민의 정을 느낀 모녀는 그에게 약간의 음식을 건네고 헤어지면서 미신처럼 가슴에 성호를 긋는다.

불행과 악이 등장인물들의 삶을 괴롭히는 이 작품은 비극의 어두운 그림자가 드리워져 있다. 우리는 치부킨이 마을과 집에서 누리는 권위가 전적으로 다른 사람들의 마음에 불러일으키는 공포에 의존하고, 그 공포는 다시 마을 사람들과 가족들의 질투심과 분노를 이끌어낸다는 사실을 알 수 있다. 그는 무자비하고, 탐욕스럽고, 신앙적으로도 위선적이지만, 우리가 점차 연민의 정을 느낄 수밖에 없는 사람이기도 하다. 특히 마지막 부분에서 가족들이 깜박 잊고 끼니를 챙기지 않는 바람에 혼자 앉아 굶주리는 모습에 대한 통절한 묘사는 독자들의 동정심을 자극한다. 교회 옆 의

자에 '미동도 하지 않고' 앉아 있는 그 노인과는 대조적으로 '순박한 미소'와 어울리지 않게 무슨 짓이든 해낼 수 있는 아크시니아는 리파의 아기를 살해한 뒤에는 독자들에게 괴물처럼 여겨진다. 이처럼 등장인물들에 대한 우리의 감정은 이야기가 전개되면서 차츰 변할 수밖에 없기 때문에 작가는 도덕적 판단을 내리지 않아도 되고, 독자들 스스로 도덕성과 책임성의 문제를 제기하게 만든다.

그러나 부정할 수 없는 비애감에도 불구하고, 체호프의 글에는 익살스럽고 희극적인 요소가 풍부하다. 작가는 인간의 경험이 지닌 두 가지 측면—우리 모두가 피해갈 수 없는 사소한 문제와 묵직한 문제—을 함께 제시하면서 등장인물들의 기행이나 인간적 결점을 많이 들춰내는 일에 희희낙락하는 듯하며, 고상한 사건과 하찮은 사건을 서로 엮어놓기 때문에 우리는 종종 어떻게 반응해야 할지 난감한 경우도 있다. 예컨대, 아크시니아는 생애에서 가장 위험한 순간에도 분을 못 이겨 남편에게 '이 집구석을 나가자'며 빨랫줄에 널려 있는 페티코트와 셔츠들을 찢듯이 걷어내 문 앞에 몰려든 구경꾼들을 놀라게 만드는 우스꽝스러운 모습으로 묘사된다. 비슷한 예로, 아기가 죽은 뒤 리파가 겪는 허탈감도 우스운 일화들과 뒤섞여 있다. 그녀가 늙은 농부에게 아기의 영혼이 얼마 동안이나 그천을 떠도는지 묻자, '학교에 가본 적이 있고,' 따라서 영적인 문제에도 해박하다고 자부하는 옆 사람이 은밀하게 "아흐레야. 우리 삼촌… 혼은 돌아가시고 나서 열사흘 동안을 우리 집 헛간에서 사셨거든"이라고 대답한다.

1900년, 처음 출판된 이 작품은 체호프의 만년 작품들 중에서는 가장 긴 단편에 속한다. 도널드 레이필드에 의하면, '많은 사회학적 연구를 통해 발표한 1890년대 초의 작품들과 붕괴되는 소작농계급에 관한 연구로의 부분적 회귀'를 의미하는 이 작품에서 독자들은 20세기 초 러시아 사회에 나타나기 시작한 사회적 긴장을 충분히 알 수 있다. 그러나 느긋한 서술 속도는 이 작품이 파헤치는 다양한 불화를 제대로 보지 못하게 만드는데, 질시, 경쟁심, 탐욕은 우클리보 사회를 균열시킬 뿐만 아니라 치부킨 집안도 찢어놓는 것이다. 체호프는 가족 간의 상호 작용을 관찰하는 동시에 소작농들과 부유한 점포주 및 공장주 사이의 반목 같은 좀더 넓은 범위의 사회적 문제들도 제기하고, 더 나아가 아니심의 정체 모를 비서 사모로도프를 등장시켜 독자들의 의구심을 자아내는데, 그 비서에 대한 개략적인 성격 묘사는 마을과 읍내 사람들 간의 또 다른 갈등을 암시한다. 그 결과, 독자들은 어떤 인물이나 사회계급이 도덕적으로 존경받을 만한 자격을 지녔는지 결코 알 수 없다. 누구나 선과 악의 요소들을 함께 갖고 있기 때문이다.

체호프의 천재성은 분열이란 주제를 조화로운 문체와

결합시키는 능력에서 나타난다. 따라서 우리는 작품의 핵심 주제, 즉 등장인물들의 가변적인 운명과 감정에서 잠시도 눈을 뗄 수 없다. 궁극적으로 제목 속의 '골짜기'는 수많은 인간들의 삶에 어두운 그림자를 드리우는 '함정에 빠진 듯한 느낌'을 상징하는데, 뜻밖에도 농작물 수확을 위해 일하는 농부들만 이 같은 고통의 굴레에서 자유로운 것 같다. 체호프는 '하늘을 올려다보며, 드디어 하루 일이 끝나 쉴 수 있게 되자 의기양양하고 황홀한 듯 떨리는 목소리로 노래를 부르는' 리파에 대한 그의 묘사가 중산층의 야망에 대한 단념인지, 아니면 삶의 빈약한 기회들에 만족하는 사람들에 대한 모독인지를 판단하는 일은 독자의 몫으로 남겨둔다.

"공무(公務)로"

　　지방자치회의 보험모집인 레스니트스키의 권총자살 사건을 조사하기 위해 파견된 치안판사와 의사는 폭풍설 때문에 길을 헤매다가 예정 시간보다 훨씬 늦게 날이 어두워져서야 시르니아 마을에 도착했다. 그들은 사건이 일어난 지방자치회의 오두막에서 하룻밤을 묵게 되었다. 오두막으로 들어가니 오른쪽에는 여행자나 신사들이 묵는 객실이, 그리고 왼쪽에는 대형 난로와 선반형 침대들이 갖춰진 주방이 있었다. 중년의 의사 스타르첸코는 '다른 사람들을 최대한 성가시게 만드는' 자살 장소에 의문을 제기하면서도 '신경쇠약증'에 걸린 사람들은 이기주의자들이라 다른 사람들은 안중에도 없이 제멋대로 행동하기 때문에 이곳에서 자살한 것도 이상할 게 없다고 말했다. 겨우 2년 전 학위를 받아 관리라기보다는 학생처럼 보이는 치안판사 리친은 예전에는 소위 신사들이 공금횡령 때문에 자살했지만, 요즘은 '인생이 지겹고' 우울하기 때문에 자살한다며, 어느 쪽이 나은지 물었다. 의사는 후자라면서도 다시 자살 장소가 마음에 걸렸다. 늙은 경찰관 로샤딘은 '바로 그것이 민폐'라면서, 사건이 일어났던 사흘 전부터 마을사람들은 잠도 제대로 못 자고, 여자들은 어둠 속에서 망자의 유령이 나타날까 두려워 헛간에도 들어가지 못하는가 하면, 사내들도 겁을 먹고 어두워지면 혼자서는 오두막 옆을 지나가지 못한다고 말해 주었다. 저녁 여섯 시, 스타르첸코는 잠을 자기에는 너무 이른 시간이라며 근처에 사는 친구 타우니츠 경의 집으로 갔다.

치안판사 리친은 마을 '경찰관'을 자처하는 60대의 로샤딘과 차를 마시며 시간을 보낸다. 로샤딘은 1861년 농노해방령이 발표되고 5년 후부터 30년 이상 하루도 쉬지 않고 온갖 잡다한 공무를 수행하며 고생했다면서, '거짓말로는 이 세상에서 살아남기 힘들 것'이라며 자신의 성실성을 과시하고, 레스니트스키를 죽음으로 몰아간 환경에 대해 자세히 들려주었다. '좀더 풍족하고, 좀더 품위 있고, 좀더 자유롭게' 살고 싶었던 그 젊은이는 아버지가 거액의 빚을 남기고 죽었기 때문에 보험모집인으로 생계를 이어가며 좌절했을 것이라고 추측했다. 이 정보는 사건 수사에 중요했지만, 늙은 경찰관의 수다가 싫었던 리친은 바닥에 깔고 잘 건초를 가져다 달라고 부탁했다. 객실에 침구가 있었지만, 사흘간 시체 옆에 놓여 있었기 때문에 꺼림칙했던 것. 노인이

나가자 리친은 모스크바로부터 거의 1,000킬로미터쯤 떨어진 지방 사회가 아주 이질적이며 시르니아 주민들은 '인간이 아니라' 로샤딘의 표현을 빌면, '오로지 규칙에 따라 존재하는' 족속에 불과할 뿐이라고 결론짓고, '진짜 러시아는 모스크바'라면서 지금처럼 지방의 하찮은 자리에 안주하는 대신, 5년이나 10년 후에라도 모스크바로 진출해 주요 사건을 담당한 순회법원 검사나 사회 명사가 되면 '지금 스물여섯 살인 나로서는 아주 늦은 것이 아니다'며 가슴 벅차하다가 어렴풋이 지난 날 '바로 그 보험모집인'을 만났던 기억을 떠올렸다. 그때 늙은 경찰관이 들어와 두 관리의 도착을 도헌(都憲. 자치지역의 행정·세무·분쟁조정·병무 관장)에게 알려도 좋겠는지 묻는 바람에 짜증이 났지만, 밖에서 증인들이 두런거리는 소리를 듣고 날이 밝는 대로 검시를 시작할 수 있으리란 생각에 마음이 누그러졌다.

10시 15분쯤, 눈을 하얗게 뒤집어쓴 의사 스타르첸코가 문을 박차고 들어와 막 잠들려는 리친을 깨워 타우니츠 경의 집으로 데려갔다. 리친은 주인 가족들과 어울리면서도 겨우 3킬로미터 정도 떨어진 한 시간 거리에 동화 같은 전혀 다른 세상이 있다는 사실에 놀라 즐거움을 느끼지 못하고, 내내 이곳 생활은 '삶이 아니라 삶의 파편들에 불과하다'는 생각을 했다.

저녁식사 때는 레스니트스키가 화제에 올랐다. 스타르

첸코는 '정신병자들은 결혼하지 못하게 만들어야 하며, 정신이 온전치 않은 병약한 아이들을 낳는 것은 범죄'라고 주장했고, 타우니츠 경은 자살 같은 불행은 어느 가정에서나 일어날 수 있는 '끔찍하고… 견디기 힘든' 일이라고 말했다.

리친은 레스니트스키와 로샤딘이 "당신은 따뜻하고, 환하고, 아늑한 곳에 있지만, 우리는 영하의 폭풍 속을… 삶의 모든 짐을 짊어진 채 쉬지 않고 나아간다"라는 노래를 부르며 서로를 부축하고 눈 속을 걸어가는 꿈을 꾸다가 벌떡 일어나 생각에 잠겼다. 그리고 운명에 순종하면서 살아가는 사람들이 가장 힘들고 음울한 짐을 짊어져야 한다는 사실을 어쩔 수 없이 받아들이며 마음이 아주 무거웠고, '우리는… 쉬지 않고 나아간다'는 구절은 '마치 누군가가 그의 관자놀이를 망치로 때리는 것'처럼 느껴졌다. 리친은 아침에 일어나 폭풍설 때문에 길이 막혀 자치회 오두막으로 돌아갈 수 없게 되자, 그곳에 누워 있는 레스니트스키와 기다리고 있을 증인들을 생각하며 언짢은 마음이 들었다.

이튿날 새벽, 눈보라가 가라앉은 뒤 로샤딘이 스타르첸코와 저택을 나서자, 하얀 눈을 덮어쓰고 땀에 흠뻑 젖은 채 장시간 기다리고 있던 로샤딘이 만면에 순진한 미소를 띠고 "판사님께서 읍내로 돌아가신 줄 알고 마을사람들 걱정이 대단한데… 두 분 은인께서 저희들에게 하늘나라의 자비를 보여주십사"고 간청했다. 두 사람은 아무 말 없이 썰매에 올라 시르니아로 향했다.

　　이 작품은 1899년에 출판된 뒤, 유명한 문학가들로부터 널리 호평을 받았다. 도널드 레이필드에 따르면, 이 작품의 애독자였던 톨스토이는 그 늙은 '경찰관'의 인생을 꿈꿨었다고 털어놓았다. 어쨌든 죽음과 계급 차별이라는 이 작품의 주제가 많은 제정 러시아 지식인들의 감수성을 자극한 것은 분명하고, 어쩌면 그들이 지녔던 사회적 불평등에 대한 인식을 움직였는지도 모를 일이다.

　　내용을 보면, 이 작품은 불만의 개념을 자세히 분석하고 있다. 리친과 레스니트스키는 비록 배경, 성격, 환경 등이 판이하지만, 체호프는 두 사람 모두 삶에 만족하지 못하고 있다는 유사점을 이끌어낸다. 반면, 답답하고 좀더 직설적인 스타르첸코는 다른 사람들에게 우월감을 즐길 만큼 심리적 안정을 느끼면서 '정신병자들'과 '이기주의자들'의 세대만 낳은 '불안의 시대'를 비난한다. 체호프는 다른 사람들의 곤경에 마음 아파하는 사람들과 그렇지 않은 사람들을 저울질하면서 당시 러시아 사회에 팽배했던 긴장을 자세히 분석하고 있는 것 같다. 리친도 스타르첸코가 비난하는 사람들처럼, 불안에 영향을 받는다는 점이 처음에는 뚜렷이 나타나지 않았으나 점차 분명해진다. 우리는 치안판사가 황량한 바람 같은 이상한 소음을 듣는 심란한 꿈 때문에 잠을 설치고, 양심이 그를 괴롭히기 시작한다는 것도 알 수 있다. 또 삶의 의미에도 점차 관심을 갖게 되는 리친은 누구나 자기 삶이 우연이 아니란 사실에 주목하기만 한다면 '경이롭고 합리적인 유기체의 일부'가 될 수 있다고 결론짓는다. 체호프의 다른 작품들에 등장하는 지식인층에게도 흔히 일어나는 이처럼 강렬한 자기탐구는 사회적 불평등에 대해 느끼는 치안판사의 깊은 좌절감을 암시한다. 우리는 자기 직업에서 어느 정도 만족을 느끼고 업무를 완수하며 기쁨을 얻는 '경찰관'과 리친의 대조적인 상황을 비교하기만 하면 이 젊은이가 얼마나 불행하고 불안한 상태가 되었는지 알 수 있다. 야망이 치안판사의 세계관을 황폐화시켜 아무도 알아주지 않거나 겉으로 존경하지도 않는 노인보다 불만스러운 사람으로 만들어놓은 것.

이 작품의 주제는 진지하고 비관적이지만, 체호프의 어조는 시종일관 가볍고, 심지어 가끔은 희극적이기도 하다. 그리고 그가 구사하는 유머들은 대체로 뒤틀리고 역설적이지만, 이따금 본문에 폭력의 의미를 가미시킬 때 사용한다. 스타르첸코가 정신병자들로부터 '그 종자를 퍼뜨릴 권리와 가능성을 박탈하겠다'고 주장하는 대목이 명확한 예다. 그러나 이 같은 음울한 분위기에도 불구하고 이 작품은 인간과 사회의 솔직하고 유쾌한 시각을 제시한다. 하루 동안 타우니즈 경의 저택에 리친과 스타르첸코의 발을 묶어놓았던 폭풍설이 잦아든 이후의 새벽녘 바깥 풍경을 "마치 지금은 자연이 광란의 파티, 광란의 밤, 그리고 열정에 주었던 자유를 부끄러워하듯, 활기를 잃은 채 고요했다"고 멋지게 묘사할 때 드러나는 것처럼 체호프는 평소와 다름없이 화려한 언어를 구사한다. 그는 인간은 자기 의지보다 강력한 힘에 얽매여 꼼짝하지 못한다고 암시하지만, 그의 글은 모든 속박에서 벗어나 춤추고 있는 것.

"검은 옷을 입은 수도승"

　　철학에 지대한 관심을 가진 문학 석사(碩士) 안드레이 코브린은 신경쇠약에 걸리자, 의사인 친구를 찾아가 도움을 청한다. 친구는 봄과 여름을 지방에서 보내라며 휴가를 권했고, 때마침 타냐 페소트스키로부터 보리스소브카에서 함께 지내자는 편지가 당도한다. 4월, 도로상태가 호전되기를 기다리며 집으로 내려가 3주를 보낸 코브린은 유명한 원예가이자 그를 길러준 전 후견인 예고르 페소트스키의 저택을 방문한다. 페소트스키 부녀는 아침 서리에 대한 걱정이 태산이다. 추운 밤, 코브린은 타냐와 함께 과일나무들이 냉해를 입지 않도록 밤새도록 지켜보며, '5년 전 내가 떠날 때만 해도 어린애였던' 그녀가 성숙해졌다며 지난 이야기를 나눈다. 그들은 여름을 함께 보내면서 더욱 가까워졌고, 코브린은 "몸의 모든 핏줄이 기쁨으로 전율하며 요동치고 있었다."

　　신경이 예민한 코브린은 낮잠을 30분만 자도 뜬눈으로

밤을 새울 정도였지만, 그 사실을 아는 사람들이 놀랄 정도
로 활기찼고, 책도 많이 읽고, 글도 많이 썼다.

　어느 날 저녁, 코브린은 타냐의 팔을 끌고 발코니로 나
가 하루 종일 마음을 사로잡고 있는 '검은 옷을 입은 수도승'
에 관한 괴기스러운 전설을 들려준다. 1,000년 전, 그 수도
승은 시라아인지 아라비아인지의 사막을 떠돌았고, 수십 킬
로미터 떨어진 곳에서 어떤 어부가 호수 위를 천천히 움직
이는 그의 유령을 목격했다. 그런데 그 유령이 두 번째 유
령을 낳고, 두 번째 유령이 세 번째 유령을 낳는 일이 끊임
없이 반복되더니 전 세계에서 목격되었고, 이제는 전 우주
로 퍼져 화성 같은 곳에서도 보일지 모른다. 이 전설의 핵
심은 수도승이 사막을 걸었던 날로부터 1,000년이 지나면,
그의 유령이 지상으로 돌아와 어쩌면 오늘이나 내일 '인간
앞에 다시 나타난다'는 것이다. 무엇보다 놀라운 사실은 그
전설을 책에서 읽었는지 누구한테 들었는지, 아니면 꿈을
꾸었는지 도통 기억나지 않는다는 점이었다.

　코브린은 혼자 집을 나와 강가를 거닐다 '회오리바람
인지 물기둥 같은 커다란 검은 기둥'이 수평선에서 솟아올
라 무서운 속도로 그를 향해 다가오자 길을 내주기 위해 옆
으로 물러서면서 보니 '검은 수도승'이었다. 검은 옷, 갈색
머리, 검은 눈썹, 맨발인 수도승은 6미터 정도 높이에 떠서
코브린을 아무 말이 없이 훑어보며 놀라울 정도로 창백하

고 깡마른 얼굴에 친근하지만 음흉한 웃음을 짓더니 다시 강을 건너 사라졌다. 코브린은 유령을 그토록 가까운 거리에서 또렷이 보았다는 사실을 기뻐하며 집으로 돌아왔으며, 페소트스키 부녀가 겁을 먹거나 헛소리로 생각하지 않도록 입을 다물기로 마음먹었지만, 페소트스키 부녀와 방문객들은 그에게서 '빛나고 영감이 서린 특이한 표정'을 발견했다.

저녁식사 후, 코브린을 찾아온 예고르는 과수원에 쏟는 애정에 대해 설명하고, 자신이 죽으면 틀림없이 폐허가 될 과수원과 딸을 믿고 맡길 사람은 오로지 아들처럼 아끼고 사랑하는 코브린뿐이란 말을 남긴 채 방을 나가면서 '헛된 꿈'일지 모르지만 손자를 얻으면 원예가를 만들겠노라고 덧붙였다. 이튿날, 코브린은 아버지와 언쟁을 벌이고 식사도 거른 채 방에 틀어박혀 우는 타냐를 달래 화해시켰다. 잠시 후, 부녀는 아무 일 없었다는 듯이 나란히 정원을 거닐었다.

흡족한 마음을 안고 밖으로 나간 코브린이 검은 수도승의 전설을 떠올리는 순간, 검은 유령이 조용히 나타나 옆에 앉아 "나는 너의 상상 속에 존재하고, 너의 상상은 자연의 일부이며, 따라서 나는 자연 속에 존재한다"면서, '자네는 소위 하느님께 선택받은 소수 가운데 한 사람'이며 '지상에 자네 같은 사람이 많아질수록 장대하고 찬란한 미래가 더 빨리 실현될 것'이라고 덧붙였다. 코브린이 '영생'을 믿는지 묻자, ‘물론’이라며 “진정한 기쁨은 지식에 있는데, 영생은 셀 수 없고 무궁무진한 지식의 근원을 제공한다”고 답했다. 그리고 “당신은 유령이고, 지금 헛것을 보는 저는 정상이 아닌데, 제가 저 자신을 믿어도 되느냐?”는 물음에는 “천재성과 광기는 같은 부류이며, 건강하고 정상적인 상태를 원한다면 속인(俗人)이 되라”고 대답했다. 비로소 ‘인간을 수천 년 빨리 불필요한 노력, 죄악, 고통으로부터 해방시킬’ 고귀한 존재가 되었다고 확신한 코브린은 타냐와 결혼하기로 결심했고, 한 주일에 한두 번씩 수도승을 만나 오랜 대화를 나누었다. 결혼식은 거금 3,000루블을 쏟아 이틀 내내 거행되었다.

기나긴 겨울밤, 코브린은 침대에서 프랑스 소설을 읽고 있으며, 도시생활에 적응 못하고 일찍 잠든 타냐는 이따금 알아들을 수 없는 잠꼬대를 웅얼댔다. 아침에 일어난 타냐는 보이지 않는 수도승과 눈을 반짝이며 대화하는 남편을 발견하고 정신병에 걸렸다고 판단했다. 코브린도 자기가 미친 것이 분명하다고 생각했다. 페소트스키 부녀는 코브린을 병원으로 데려갔다.

여름, 어느 정도 건강을 되찾은 코브린은 의사의 권유에 따라 페소트스키의 저택으로 내려갔다. 코브린은 괜스레 아무에게도 해를 끼치지 않는 망상을 치료해 평범한 사람으로 만들어주어 ‘너무나 고맙다’고 빈정댔으며, 무례와 변덕이 심해져 장인과의 관계도 악화되었다. 타냐는 아버지께서 시시각각 늙어가고 있으며, 당신의 무례가 아버지를 죽이고 있다면서, '돌아가신 시아버지와 내 마음의 평화를 위해' 아버지께 다정하게 대하라고 애원했지만, '그러고 싶지 않다'는 대답이 돌아왔다. 타냐는 남편의 얼굴이 추악하고 불쾌하게 보였다.

코브린은 대학 교수직을 수락했지만, 병이 악화되어 강의는 이듬해로 미루어졌다. 지금은 두 살 연상인 다른 여자와 살고 있으며, 기침을 하면 피가 섞여 나왔다. 크리미아를 거쳐 얄타를 여행하려던 코브린은 아버지의 죽음과 '아버지께서 두려워했던' 과수원의 몰락이 모두 그의 탓이라면서, 그를 증오하고 '곧 죽어 없어지기를 바란다'는 저주와 함께 '천재인 줄 알고 사랑했으나 미친놈에 불과했다'고 후회하는 타냐의 편지를 받고 자신의 악행을 돌아보며 '공포에 가까운' 불안감을 느꼈다. 이어 15년간 불철주야 노력해서 도달한 평범한 지식인의 위치, 끔찍한 정신병, 불행한 결혼생활, 그밖에 기억하고 싶지 않은 멍청한 일들을 회상하며 자신은 평범한 사람이고, 인간은 누구나 자신의 현재 모습에 만족해야 한다는 사실을 어쩔 수 없이 받아들인 코브린이 귀에 익은 바이올린 연주와 두 여인의 노래 소리를 듣고 고통스러운 슬픔과 더불어 오랫동안 잊고 있던 '가슴 떨리는 달콤하고 격렬한 환희'를 느끼기 시작했을 때, 검은 수도승이 나타나 '그때 자네가 천재라는 내 말을 믿었더라면 지난 2년간 그토록 음울하고 비참하게 지내지는 않았을 것'이라고 호되게 꾸짖었다. 코브린은 피를 토하며 타냐를 불렀고, 화려한 꽃들이 만발했던 정원, 과수원, 놀라운 학문, 젊은 시절 등, 아주 멋졌던 삶을 떠올리면서 이루 말할 수 없는 무한한 행복을 느꼈다. 그 순간, 검은 수도승이 그의 귀에 대고 속삭였다.

"자네는 천재였고, 나약한 인간의 육체가 균형을 잃어 더 이상 천재의 인간 의복 역할을 할 수 없기 때문에 죽어가고 있는 것이라네."

1893년에 쓰여져 1894년에 출간된 이 작품은, "공무로"처럼 신경쇠약과 정신건강을 다룬 체호프의 다른 작품들보다 시기적으로 앞선다. 그러나 주인공의 '신경과민'이 양심이나 사회적 야심으로 인한 갈등의 외면적 증상으로 묘사된 후기의 작품들과는 대조적으로, 이 작품에서는 광기 자체가 자신의 천재성을 나타내는 증거라고 믿는 주인공을 내세우고 있다. 도널드 레이필드는 체호프가 이 소설에서 '광기(狂氣)를 영감(靈感)으로 취급'하고 있으며, 정신착란

증세를 육체적 질병의 증상과 절묘하게 결합'하고 있다고 지적한다. 따라서 독자들은 코브린이 폐결핵으로 죽었는지, 혹은 정신이상 때문에 파멸된 것인지 판단하기가 어렵다.

재미있는 것은 코브린이 나쁜 건강상태나 광기를 대수롭지 않게 생각한다는 점이다. 아니, 자신의 광기에 절대적 환희의 상태가 수반되기 때문에 오히려 반긴다. 따라서 병원에서 퇴원하며, "난 미쳐 가고 있었어. 과대망상증이 있었지. 하지만 나는 즐거웠고, 자신감이 있었고, 아주 행복했단 말이야. 나는 재미있고 독창적인 사람이었어"라고 시인하고, 그 광기로 인해 축복을 받았다고 여긴다. 광기는 감정적 속박과 지적인 속박으로부터의 해방을 의미하기 때문이다. 코브린은 학문 세계의 평범성이나 예고르가 집착하는 원예학 따위에는 만족하지 못하고, 자신의 천재성을 한 단계 높여줄 '거대하고, 헤아릴 수 없고, 불가사의한' 관념을 갈망했다. 이런 점에서도 드러나지만, 체호프의 소설은 반골 정신의 힘을 증언하는 유서와 같다. 즉, 작가는 정신병과 격렬한 지적 사색의 경계를 일부러 모호하게 설정하고 있는 것이다.

따라서 이 작품을 어떻게 읽느냐에 따라 수도승은 코브린의 정신착란을 상징할 수도 있고, 아니면 자유분방한 사고를 즐기는 그의 천재성을 상징하는 환영으로 이해될 수도 있다. 소름끼치는 유령의 '창백하고 깡마른 얼굴'과

연기처럼 사람의 형상으로 변해가는 그의 능력에 주인공의
마음은 불편해지고, 독자들도 섬뜩한 느낌을 갖는다. 그러
나 유령이 주인공에게 준 변화는 처음에는 긍정적이다. 삶
에서 활기를 얻고, 세상에 대해 더 큰 호기심을 갖게 되며,
타냐에게 사랑을 고백할 자신감을 얻게 되는 것. 그러나 이
자신감이 불행하게도 병적인 자기중심주의로 발전하고, 자
신이 '하느님의 축복을 받은 화신'이라고 믿게 만들기 시
작한다. 체호프의 다른 소설에서도 그렇지만, 코브린은 한
편으로는 광대 같으면서도 다른 한편으로는 절대적인 힘의
노예로 전락한 비극적 인물이라는 양면성을 띠고 있다. 작
가는 그 절대적인 힘이 진실로 성스러운 존재인지, 아니면
단지 실성하고 거만한 자의 충동적인 상상일 뿐인지에 대
한 판단은 독자들 몫으로 남겨두었다.

복잡한 주제를 전달하고 싶을 때 적절한 시적 언어를
구사하는 체호프의 글은 거대한 힘을 나타내는 이미지로
가득 차 있다. 즉, 과수원은 '연기에 휩싸이고', 등장인물들
은 자기 일을 끝내려 항상 몹시 서두르고, 강력한 회오리바
람은 수도승의 출현을 미리 알리는 전조로 등장하는 것. 따
라서 코브린이 광기에 사로잡히는 과정 역시 여기에 적절
한 산문적 표현으로 묘사되고 있는데, 이런 점에서 이 작품
은 한 편의 음악과 매우 흡사하다. 특히, 바다가 '어떤 때는
연푸른색, 짙은 푸른색, 혹은 청록색을 띤 강렬한 눈으로 나

를 바라본다'고 주인공이 얄타 만을 묘사하는 부분에서는 산뜻한 운율이 느껴지기도 한다.

끝으로 체호프는 위대한 클래식 작곡가처럼 격한 드라마를 고요한 음조로 진정시키고 있다. 주인공 코브린은 끔찍하고 격심한 발작으로 피를 토하며 죽었지만, 얼굴에는 행복에 겨운 미소가 깃들어 있는 것.

"부활절 전날 밤"

익명의 화자인 '나는' 골트바 강을 건네줄 나룻배를 기다리고 있다. 밤하늘에는 부활절을 찬양하기 위해 나온 듯이 반짝이는 크고 작은 별들이 '손가락 끝 하나 들어갈 틈 없이' 가득했다. '내가' 서너 발자국 떨어진 곳에 지팡이를 짚고 서 있던 '어두컴컴한 인물'에게 배를 기다리는지 묻자, 부활절 불꽃놀이를 보기 위해 기다리고 있는 것이라면서, 강을 건너가고 싶지만 뱃삯 '5코펙'이 없다는 대답이 돌아왔다. 내가 '5코펙을 주겠다'고 제의하자, 그 농부는 강 건너 수도원에 가거든 차라리 그 돈으로 '저를 위해' 촛불 하나를 밝혀주는 편이 낫다면서, 강가로 내려가 밧줄을 잡고 뱃사공 제롬을 불렀다.

잠시 후, 대포소리가 울렸고, 그 농부는 "예수님께서 깨어나셨다"며 기다란 양피 모자를 벗고 성호를 그었다. 어둠 속에서 계속 대포소리가 울려 퍼졌다. 마침내 '교수대와 흡사한 형태'의 나룻배가 '마치 멈춰 있거나 반대편으로 가는 것처럼' 여겨질 정도로 천천히 다가왔다. '내가' 왜 이렇게 늦었느냐고 묻자, '용서하라'면서 다른 손님은 없는지 되묻는 뱃사공 제롬은 키가 컸으며, 성직자가 입는 카속(cassock)에 수사(修士)의 원뿔형 모자를 쓰고 있었다. 건너편에서는 이미 불꽃놀이가 시작되었다. 제롬은 밧줄을 당겨 배를 출발시켰다.

'나는' 그날 죽은 친구 니콜라스 부제(副祭)의 죽음을 슬퍼하며 지나치게 철학적으로 설명하려는 제롬 때문에 약간 짜증스러웠지만, 니콜라스가 '아카피스트 성인 축일에 성인에게 바치는 특별 기도문 작성에 천부적 재능을 지녔다'는 말을 듣고 호기심을 느꼈다. 제롬은 아름다운 아카피스트를 쓸 때는 각 행이 반드시 '많은 사물들—꽃들과 빛과 바람과 태양과 눈에 보이는 세상의 모든 사물들—로 장식되어야 한다'고 설명해 주었다. '나는' 니콜라스의 특별한 재능에 대해 많은 질문을 던졌지만, 나룻배가 강둑에 접근하면서 대화는 침묵 속에 빠져들었다. '나는' 수도원의 평수사(平修士) 제롬이 그날 밤 뱃일을 대신할 사람이 없기 때문에 기도하러 가지 못한다는 말을 듣고 놀랐다.

배에서 내린 '나는' 진흙과 부드러운 길을 따라 연기와 혼잡한 남녀들, 마구를 채우지 않은 말들, 마차들, 수레들을 지나 분주한 수도원으로 들어가 '조수처럼 밀려왔다 빠지는 인파'에 섞여 벅찬 환희를 느끼면서도 제롬보다 신심이 약한 사람이 뱃일을 대신해 주었다면 훨씬 더 좋았을 것이란 아쉬움이 마음속에서 떠나지 않았고, 노래의 의미를 진정으로 꿰뚫지 못하는 주변사람들의 환한 얼굴을 보면서 벽을 등지고 몸을 숙인 채 성스러운 단어들을 완전히 이해하려고 노력하는 제롬의 모습을 상상했다. 지금 제롬은 죽은 형제이자 친구를 생각하며 강을 오가고 있을 것이다.

미소를 머금은 뚱뚱한 사제가 인파를 헤집고 어떤 귀부인을 안내하며 '내 옆'을 지나쳤고, 그 뒤를 수도원의 하인이 '우리들 머리 위로' 의자를 높이 들고 서둘러 따라갔다. '나는' 아카피스트들을 지은 죽은 니콜라스를 만나고 싶어 일렬로 늘어선 수사들의 방을 지나치며 몇몇 창문을 기웃거렸지만 허사였고, 만약 만났더라도 제롬의 아카피스트 암송에서 감지했었던 온화함과 어린아이 같은 환희를 간직한 '내' 상상 속의 '사랑스럽고 시적인 존재'와 크게 다르지 않았을 것이라고 생각했다.

'나는' 교회를 나왔다. 날은 이미 밝아 있었고, 강에서는 차갑고 축축한 공기가 불어왔다. '내가' 다시 강을 건너기 위해 나룻배에 오르자, 이미 마차 하나와 20명의 남녀가 타고 있었다. '나는' 비로소 흐릿한 여명 사이로 '큰 키, 조붓한 어깨, 크고 둥근 얼굴, 게슴츠레 졸린 눈, 쐐기 모양의 수염'을 지닌 서른다섯 살 정도의 '유별나게 슬프고 지친' 제롬을 볼 수 있었다. '나는' 깜짝 놀라 그에게 아직도 교대하지 않았느냐고 물었고, 모두들 사순절 단식을 끝내기 위해 대수도원장에게 갔기 때문에 '아침까지는' 사람이 없다는 대답이 돌아왔다. 밧줄을 당겨 나룻배를 움직이면서 물끄러미 승객들을 쳐다보던 제롬은 강을 건너는 내내 젊은 상인의 아내에게서 눈을 떼지 못하고 있었다. 마치 '그녀의 얼굴에서 죽은 친구의 다정하고 온화한 모습을 찾고 있는 것'처럼.

이 작품에서는 체호프의 다른 작품들에서 볼 수 있는 많은 주제와 모티프가 소개되며, 특히 밝음과 어두움을 매우 생생하고 효과적으로 묘사한다. 우리는 화자가 '칠흑 같은 어둠'에 휩싸여 있는 것을 알 수 있는데, 이 어둠은 밝게 터졌다가 사라지는 불꽃과 대비를 이룬다. 체호프는 '황금빛 리본처럼 하늘로 발사된 로켓이 곡선을 그리다가 마치 하늘에 부딪쳐 산산이 부서지듯 불꽃을 쏟아냈다'는 대목에서 간결하고 시적인 대가의 솜씨를 보여주고 있다.

강과 수도원 주변에는 수수께끼 같은 분위기가 감돈다. 즉, 낮에는 '차가운 습기'가 강을 건너 밀려오듯 온 세상을 덮는 반면, 밤이 되면 강둑과 수도원은 마법에 걸린 풍경의 일부로 되살아난다. 주인공은 주변 환경을 '숨 막힐 듯한 연기에 질식되고, 소음과 빛으로 시끌벅적한 마법의 땅’으로 묘사하는데, 예수의 부활을 알리는 듯한 거대한 종의 울림도 초현실적이다. 따라서 이 작품을 감싸고 있는 종교적 분위기—부활절이 배경이기 때문에 독자들의 관심은 교회에서의 즐거운 행사에 쏠림—에도 불구하고, 체호프는 현실과 영원의 경계를 옮기는 일에 희희낙락하고 있다.

이 작품에서 느껴지는 모호성, 즉 익명의 화자가 왜 이 고장에 예배를 드리러 왔는지에 대한 설명이 전혀 없기 때문에 그 판단은 오롯이 독자들 몫으로 남는데, 이처럼 작품의 세부 내용을 구체화하는 과정에서 독자들의 이성만큼이나 상상력에도 호소하는 것은 체호프의 전형적인 방식이다.

특히 뱃사공의 독특한 모습도 우리에게 상상력을 발휘하도록 요구하고 있다. 제롬은 처음에는 그리스 신화에 나오는 뱃사공 카론, 즉 죽은 자들의 영혼을 나룻배에 싣고 지하세계의 스틱스 강을 건너는 인물을 연상시키는 것 같다. 그리고 화자도 천천히 다가오는 나룻배의 윤곽이 ‘마치 교수대 같다’고 언급하면서 죽음이라는 주제를 더욱 발전시키고 있다. 그러나 독특한 분위기를 자아내는 재능을 살려 등장인물들에게 많은 깊이와 수수께끼 같은 성격을 잘 주입하고 인간 경험의 희극적 요소뿐만 아니라 비극적 요소도 잘 전달하는 체호프는 제롬을 사악하거나 위협적이지 않은 다소 특징 없는 인물로 묘사하면서도 전체적으로 매

우 모호한 인물, 즉 신화적 인물인지, 신비한 인간인지, 아
니면 단지 죽은 친구를 애도하는 보통사람에 불과한지를
밝히지 않은 채 아침의 '흐릿한' 빛 속에서 작품을 마무리
함으로써 독자들의 상상력을 자극하고 있다.

"베짱이"

올가 디모프는 미술계, 문학계, 연극계 명사들과의 교류에 관심을 쏟는 사교광이다. 주변사람들은 스케치, 노래, 악기 연주, 연기 등, 그녀의 다양한 재능을 칭찬했지만, 정작 전문가 수준에 도달한 분야는 없었다. 올가에 의하면, '소박하고 아주 평범한' 오시프 스테파니치 디모프와는 같은 병원 의사였던 그녀의 아버지가 병들었을 때 함께 며칠 밤낮을 새우면서 그의 자기희생에 감동했고, 아버지 사후에 몇 번 만나다가 갑자기 청혼을 받고 결혼하게 되었다. 당시, 올가는 스물둘, 디모프는 서른한 살이었다.

영리한 올가는 변변찮은 남편의 수입으로도 집을 우아하고 품격 있게 꾸미는 등, 값비싼 취향을 즐겼으며, 매주 수요일 밤에는 파티를 열고 손님들과 다양한 예술을 공유했다. 오시프는 정확히 11시 반이 되면 응접실 문을 열고 들어와 부드러운 미소를 머금고 종을 울리며 식사가 준비되었다고 알렸다. 올가는 그들에게 남편의 잘생긴 옆얼굴과 성격상의 장점들을 자랑했고, 참석자들은 음식을 즐기며 그가 '정말 좋은 사람'이라고 생각하다가 곧바로 그의 존재를 잊고 자신들의 화제에 열을 올렸다.

올가는 '순박하고, 가슴 따뜻한' 남편의 '심각한 결점'은 '단지 예술에 전혀 관심이 없는 것'뿐이라고 믿으면서도 여름에는 잘생긴 화가 친구 랴보프스키에게 미술지도를 받으며 시골에서 그림을 그렸고, 가을에는 예술계 친구들과 볼가 강변으로 단체 여행을 떠나기로 결심했다.

화자는 성령강림절의 둘째 날에 있었던 사건을 통해 아내에게 헌신적인 오시프의 모습을 보여준다. 오시프는 2주 만에 캐비어, 치즈, 연어를 싸들고 오붓하게 아내와 식사도 함께 즐기고 회포도 풀 겸 시골 별장으로 찾아갔는데, 해질녘 도착하자마자 아내의 부탁을 받고 '내일' 기차역 전신원 결혼식 때 입을 아내 옷을 가지러 다음 기차를 타고 집으로 돌아갔다. 음식은 올가와 지내던 두 신사와 뚱뚱한 배우의 차지가 되었다.

7월, 화가들과 볼가 강으로 여행을 떠난 올가는 달빛 고요한 증기선 선상에서 '잘생기고, 참신하고, 자유롭고, 일상적 근심 걱정에는 초연한' 랴보프스키의 강렬한 유혹을 받자, 남편에 대한 생각을 떠올리려고 애쓰다가 '소박하고 평범한' 그로서는 이미 행복을 누릴 만큼 누렸다고 자위하며 젊은 화가를 껴안았다. 그들의 관계는 9월부터 눈에 띠게 소원해졌다. 올가는 랴보프스키의 냉담한 태도에 절망하고 모욕감을 느끼다가 애정이 담긴 오시프의 편지에 마음이 움직여 집으로 돌아가기로 결심하고 남편과의 정상적인 인생을 되찾기 위해 증기선을 타고 떠난다.

이틀 반이 걸려 집으로 돌아온 올가는 남편의 환한 미소와 기쁨이 담긴 눈을 마주하자, 불현듯 지난 일을 밝혀야겠다고 마음먹었으나 두려움과 수치심 때문에 입을 다물었다.

12월 경, 아내를 의심하기 시작한 오시프는 양심이 걸려 눈을 마주치거나 단 둘이 있는 것조차 힘들어 저녁식사 시간에 친구 코로스텔레프를 데려오는 일이 잦아졌다. 올가는 화실로 랴보프스키를 찾아가 '사랑한다'는 맹세를 들려 달라고 요구했으며, 그가 화실에 없는 날에는 자기를 만나러 오지 않으면 독약을 먹겠다는 편지를 남겼다. 이제 그들은 오시프가 있는 자리에서도 거친 말을 교환할 정도로 서로에게 짐이 되었다.

어느 날, 오시프가 침실로 들어와 논문이 통과되어 '일반 병리학 부교수'를 제안받을 것 같다고 말했고, 그의 환한 얼굴에서는 아내가 함께 기뻐해 주면 현재와 미래의 일까지도 용서하겠다는 속내가 역력히 드러났다. 그러나 '부교수'가 무엇인지도 몰랐고, 머릿속에는 온통 극장에 늦지 않아야 한다는 생각뿐이었던 올가는 아무런 말이 없었다.

올가가 화실에서 랴보프스키의 불륜을 목격하고 '모든

것이 끝'이라며 돌아와 편지를 쓰려고 할 때, 오시프가 방에는 들어오지 말라면서, 병원에서 디프테리아에 걸린 사내아이를 치료하다 전염되었으니 서둘러 사람을 보내 코로스텔레프를 불러오라고 부탁했다. 올가는 남편과 남편의 끝없는 사랑에 가슴이 저려왔고, 비로소 진정으로 남편을 사랑하고 있다는 사실을 깨달았다.

이튿날 아침, 코로스텔레프는 오시프의 병이 악성이라고 말했고, 여러 동료의사들이 찾아와 교대로 오시프를 보살폈다. 올가는 '신께서' 자신의 불륜을 벌하는 것이라고 생각했고, 남편이 회복되면 정숙한 아내가 되겠다고 다짐했다. 코로스텔레프가 올가의 침실로 들어와 오시프는 '위대하고 비범한 인물'이며 '학문을 위해… 밤낮으로 소처럼 일하다가 죽었다'면서 눈물을 흘렸다. 올가는 남편이 '비범하고 보기 드문 위대한 사람'이었으며, 자기의 냉담한 태도가 그의 죽음을 재촉했다고 자책했다.

: 풀어보기

주인공 올가는 순진하고, 활발하고, 오로지 남에게 '좋은 인상'을 주는 일에만 관심이 있는 여자인데, 솔직히 말하면, 예술에 관한 가식적 관심으로 순수성을 위장하는 사회적 속물이다. 그러나 체호프는 그녀의 가장 큰 성격적 결함은 명사와 천재를 착각하는 것이라고 강조한다. 비록 오시프 디모프가 아내의 우아한 예술계 친구들과는 대조적으로 재미없고 무미건조한 사람으로 보일지는 몰라도, 올가는 남편이 자신의 위대성을 내세우지 않았다는 사실을 너무 늦게 깨달았다.

이 단편소설이 체호프의 작품 치고는 매우 이례적으로 어떤 도덕적 교훈을 담고 있다면, 천재성을 지닌 사람들은 결코 자신의 능력을 떠벌리지 않는다는 사실이다. 진정한 위대성은 야심을 추구하는 사람들의 마음속에 존재하기 때문에 아첨을 일삼는 사교광의 거짓 찬사나 다른 사람들이 알아주기를 바라며 뽐내고 다닐 필요가 없다는 것이다.

오시프가 아내에게 "나는 풍경화와 오페라 같은 걸 잘 이해하지 못해.… 하지만 그것들의 설득력을 인정하지 않는다는 뜻은 아냐"라고 말하는 대목에서 알 수 있듯, 다른 사람들의 관심을 인정할 자세가 되어 있다는 사실은 그가 자유사상을 지닌 계몽된 지식인이란 증거다. 이처럼 열린 마음은 올가의 추궁에 발끈한 나머지 '세상의 모든 일은 조건이 달려 있고, 상대적이고, 멍청하다'고 결론짓는 가식적인 랴보프스키와 극명하게 대비된다.

체호프는 여러 등장인물들을 내세운 8개의 짧은 장(章)들로 나눠 이야기를 풀어간다. 독자들은 아내가 화가들과 작업하는 시골 별장을 방문하기 위해 여행길에 오른 오시프를 따라가다가, 다음에는 한여름 밤 올가와 랴보프스키가 볼가 강의 증기선 위에서 불륜의 물꼬를 트는 장면을 접하기도 한다. 그 같은 삽화풍의 서술 형식은 묘사의 폭을 넓혀주고, 독자들에게는 등장인물들의 은밀하고 내적인 감정을 들여다보게 해주는데, 아내와 시간을 갖기 위해 음식을 싸들고 가는 오시프의 여행처럼 아주 하찮은 사건도 자세히 음미할 가치가 있다는 암시다.

이 작품에는 아무리 사소한 일이라도 허투루 들어간 것이 없다. 예를 들어, 사람들이 먹는 음식, 그들이 머리를 빗는 방식, 심지어 등장인물들의 아주 작은 미묘한 말투에 대한 묘사까지도 독자들이 실제 사람을 상상할 수 있도록 도와준다. 등장인물들의 삶에 대한 세부 내용은 그들의 개성이 지닌 또 다른 측면들을 드러내기 때문에 이야기가 전개되면 그들의 본성을 이루는 많은 단층들이 하나씩 벗겨지는데, 분명히 인간 교감의 이면에 자리한 수단과 동기에 매료된 체호프는 그것들에 대해 독자적 판단을 내리지 않고 열심히 탐색할 뿐이다. 예를 들어, 랴보프스키의 접근을 허락하기로 마음먹은 올가는 남편을 '소박하고 평범한 사람으로서 행복을 누릴 만큼 누렸다'고 생각하는 대목에서, 작가는 그녀에게는 남편과 가정생활이 '하찮고 구질구질하고… 멀리, 멀리 떨어져 있는 것처럼 보였다'고 지적하면서 그녀의 감정을 부연설명하고 있다.

등장인물들 가운데 아주 훌륭한 인물은 없지만, 체호프는 그들의 약점과 장점을 함께 제시하면서 결점 많은 진짜 인간을 만들어낸다. 결점 없는 인간은 없지만, 약간의 인간애로 그 결점이 만회되지 않을 인간도 없다는 것.

"귀여운 여인"

올렌카 플레먀니아코프는 한낮의 더위 속에서 뒷문 현관에 앉아 생각에 잠겨 있었다. 올가의 집 별채에 세 들어 살고 있는 옥외극장 주인 쿠킨은 곧 비를 뿌릴 듯한 하늘을 쳐다보며 비 때문에 줄어드는 관객과 손실을 계산하면서 '목을 매는 것이 낫겠다'고 생각했다. 며칠간 날씨는 계속 꾸물거렸다. 마음속에서 '깊고 순수한 애정'이 끓어오른 올가는 '왜소하고 여윈' 그 사내를 사랑하게 되었다. 올가는 어린 시절에는 아버지를 사랑했고, 이어 고모, 선생님 등, 언제나 누군가를 사랑하지 않으면 못 사는 부류의 여자였다. 대화를 나누다가 올가의 얼굴에 친근하고 수줍은 미소가 번지면 사내들은 덩달아 웃음을 지었고, 여자들조차 손을 잡고 '오, 귀여운 여인!'이라는 감탄사를 연발했다.

올가의 아버지는 죽으면서 딸에게 큰 집을 남겨주었다. 올가는 쿠킨과 결혼하고 행복하게 살았지만, 쿠킨의 얼굴에서는 온종일 비가 내린 결혼식 날처럼 '절망의 표정'이 지

워진 적이 없었다. 올가는 남편을 도와 매표, 경리 등의 업
무를 처리하면서 남편과 똑같은 불평을 늘어놓았고, 관객
유치에도 신경을 썼다. 올가 부부는 금슬이 좋았으나 손실
근심 때문에 나날이 야위어가고 밤에는 기침을 내뱉곤 하
던 쿠킨은 어느 날 배우들을 선발하기 위해 모스크바로 떠
났다. 그리고 부활절 전 일요일 늦은 저녁, 올가는 대문 두
드리는 불길한 소리에 잠을 깼는데, 쿠킨의 죽음을 알리는
전보를 가져온 집배원이었다.

　남편의 죽음에 마음이 황폐해졌던 올가는 3개월 후에
미사를 다녀오다 집까지 바래다준 마을 목재상 바실리 푸
스토발로프를 마음에 두게 되었다. 며칠 후, 마을 노파가 찾
아와 바실리의 인간성을 치켜세우고 돌아갔으며, 사흘 후에
는 그가 직접 찾아와 10분 정도 머물다가 돌아갔다. 사랑의
열병에 빠져 그날을 뜬눈으로 새운 올가는 노파에게 사람
을 보냈고, 결혼은 일사천리로 진행되었다. 결혼 후, 올가는
남편 사무실에 나가 일을 도우면서 고객과 친구들에게 마
치 그 바닥에 오래 종사한 사람처럼 목재 값에 대해 장황하
게 떠벌렸고, 연극관람을 '쓸데없는 짓'으로 일축했다. 모든
일에서 남편 생각이 그녀 생각이었으며, 지인들에게는 '모
든 사람이 바실리와 나처럼 잘 살기를 바란다'고 자랑했다.
심지어 세입자인 군대 수의사 스미르닌에게는 아들을 위해
서라도 별거중인 간통한 아내를 용서하라고 충고했다. 올

가 부부가 6년간 사랑이 넘쳐나고 조화로운 결혼생활을 이어가던 어느 겨울날, 목재소에서 일하다 감기에 걸린 바실리는 최고의 의사들에게 치료를 받았지만 4개월 후에 세상을 떠났다.

　교회와 남편의 무덤을 찾고 이따금 스미르닌과 정원에서 차를 마시는 일 이외에는 아무것에도 신경 쓰지 않고 수녀처럼 지내던 올가는 6개월 정도 지나자, 이제 스미르닌의 의견을 제 것으로 받아들여 사람들 앞에서 동물의 질병에 대해 앵무새처럼 떠벌리는 바람에 그를 난처하게 만들었다. 두 사람은 곧 연인이 되지만 애석하게도 그 행복은 오래 지속되지 않았다. 스미르닌이 시베리아 인근 기지로 전속되면서 올가는 또 다시 '지독히 외로운' 처지가 되었고, 점점 여위며 매력을 잃어갔다. 그녀에게 최악인 것은 쿠킨, 바실리, 수의사와 함께 있을 때는 무엇이든 설명할 수 있었으나 지금은 어떤 부류의 의견도 피력할 능력이 없다는 사실이었다.

　수년 후, 희끗희끗한 머리에 민간복을 입고 나타난 스미르닌으로부터 아내와 재결합했다는 말을 들은 올가는 자기는 집에 딸린 오두막에서 살 테니, 식구들을 데리고 집으로 들어와 살라고 권유했고, 곧이어 스미르닌의 열 살짜리 아들 사샤를 '마치 친자식처럼' 사랑하기 시작했다. 사샤의 어머니가 언니와 함께 살기 위해 떠나자 올가는 아이를 오두막으로 데려와 등교시키고, 숙제를 도와주며 낙을 삼았지만, 아이는 '아주머니의 사랑'에 숨이 막힐 지경이었다. 지난 시절 그 누구와의 사랑보다 더 깊이 사샤에게 빠진 올가는 모성본능이 주는 환희와 언젠가는 사샤의 어머니가 아들을 데려갈 것이란 두려움 사이에서 가슴을 졸이며 살아간다. 작품은 이따금 밤에 '그걸 줄게! 저리 가! 때리지 마!'라는 사샤의 수수께끼 같은 잠꼬대로 막을 내린다.

　　재미와 호소력을 갖춘 이 작품은 연민을 불러일으키는 정 많은 주인공을 내세우고 있다. 올가는 귀엽고 사랑스럽고 순진하지만, 독자적인 의견을 갖지 못하는 태도는 안타깝고 짜증스럽다. 쿠킨과 살 때는 극장 일에 몰두하고 연극에 큰 관심을 가졌으나 바실리와 살 때는 '인생에서 가장 중요하고 긴요한 것은 나무'라고 결론짓고 연극을 '쓸데없는 일'로 경시하는데, 그 같은 태도는 스스로의 생각이나 판단에 따른 것이 아니라 그저 순진하게 남편들의 견해, 생각, 믿음을 앵무새처럼 모방한 것에 불과할 뿐이다. 기본적으로, 체호프는 여성의 무력화(無力化)를 상징하기 위해 올가를 끌어들인 것 같다.(반(反)여권주의 성향의 작가 톨스토이가 올가를 이기심 없는 여성의 화신으로 여기고 찬양한 것은 매우 역설적이다.)

　이 점에서 등장인물들이 올가를 '귀여운 여인'이라고 부르는 것은 그녀를 얕보고, 더 나아가 모욕하는 태도이며, 사회가 집단적으로 그녀를 다독여 남성의 지적 능력에 종속되도록 만드는 것이란 느낌이 든다. 그러나 체호프는 올가를 단순히 반(反)여권주의자로 비난하지 않고, 훨씬 더 복잡한 여성으로 다룬다. 올가가 첫 남편에게 '깊고 순수한 감정'을 느꼈다고 묘사함으로써 먼저 그녀에 대해 연민을 불러일으킨 다음, 그녀가 겪는 일련의 시련을 보여주면서 결점은 있으되 온화한 인물로 부각키는 것. 심지어 그녀가 사샤를 돌보며 얻는 성취감도 아이 쪽에서는 사랑으로 보답할 생각이 없기 때문에 헛된 것이다. 한 예로, 올가는 그 아이를 위해 죽을 자세가 되어 있지만, 사샤는 '아줌마'가 학교까지 데려다주는 것이 창피스러워 멀찍이에서 돌려보낸다. 결국 독자들은 너무 많은 사람을 사랑하고 잃는 올가에게 동정심과 분노를 느끼면서도 어리석음을 용서하고픈 유혹을 떨쳐낼 수 없다.

"구즈베리"

:줄거리

    이른 아침부터 하늘은 짙은 먹구름으로 덮여 있었지만, 비는 내리지 않았다. 두 사내—수의사 이반과 학교 교장 부르킨—가 끝없이 펼쳐진 들판을 걷고 있다. 이반이 동생 이야기를 들려주기 위해 심호흡을 하고 파이프에 불을 붙이려는 순간, 갑자기 비가 쏟아졌다. 그들은 비를 피하기 위해 친구 알리오킨의 영지로 갔다. 풍구(키질하는 농기구) 옆의 헛간 앞에서 먼지투성이로 작업하고 있던 마흔 살쯤 먹은 알리오킨은 친구들에게 먼저 집으로 들어가 목욕을 하라고 권했다. 젊고 아름다운 하녀 펠라구에아가 수건과 비누를 가져다주었고, 세 사람은 목욕간으로 가서 함께 몸을 씻기 시작했다. 이반과 부르킨은 알리오킨 주변의 물이 잉크처럼 변하자 깜짝 놀랐지만, 알리오킨은 오랫동안 목욕할 시간이 없었다고 변명했다. 이반이 갑자기 밖으로 뛰쳐나가 집 앞에 있는 강물로 뛰어들어 수영을 즐겼다.

    이반이 두 살 어린 동생 니콜라이 얘기를 시작했을 때,

펠라구에아가 다정한 미소를 머금고 조용히 차와 잼을 내왔다. '우리' 형제는 아버지가 돌아가신 뒤 귀족 칭호와 작은 땅을 물려받았으나, 땅으로는 아버지의 부채를 변제하고 하루 종일 늦도록 들판과 숲에서 온갖 허드렛일을 하며 농부의 자식처럼 살았다. 열아홉 살에 재무법원 공무원이 되어 수년간 똑같은 자리에서 똑같은 서류나 작성하며 시들어가던 동생은 구즈베리 농사를 지으며 자유롭게 살아야겠다고 마음먹은 이후 돈을 아끼기 위해 거지나 다름없이 살았고, 사랑도 없이 부유한 연상의 미망인과 결혼했다. 빵도 배불리 먹지 못하고 살던 미망인은 3년 만에 세상을 떠났고, 얼마 후에 니콜라이는 드디어 300에이커의 땅을 구입하고 구즈베리 나무 20그루를 심었다. 그리고 작년에 찾아갔더니 동생은 아주 거만한 지주로 변해 있었다. 공무원 시절에는 자기 의견을 피력하는 것조차 겁을 집어먹었는데, 지금은 자기 말이 법이며 경우에 따라서는 체벌도 꼭 필요하고 유용하다면서, 손가락만 까딱해도 사람들이 자기가 원하는 대로 움직인다고 말할 정도였다. 그날 저녁 때, 동생은 드디어 처음으로 수확한 구즈베리를 맛보며 감격스러워했지만, '나는' 동생의 자만심에서 '강자의 무례와 나태한 태도'를 감지하고 점점 우울해졌다. 행복한 사람들에게는 '망치를 든 누군가가 문을 두드려 세상에는 불행한 사람도 있고, 아무리 행복하더라도 조만간 삶이 발톱을 드러내… 질병, 가난,

손실 같은 불행이 닥쳐온다는 사실을 상기시켜주어야 하는
데, '망치를 든' 사람은 없고, 행복한 사람들은 일상적인 사
소한 근심에나 조금 흔들릴 뿐 아주 잘 살고 있다. '나는'
과거에는 "나 역시 만족스럽고 행복하다고 생각했으며…
자유란 우리가 숨 쉴 때 들이마시는 공기만큼이나 꼭 필요
한 은혜지만, 때를 기다려야 한다"고 말했으나, '지금은' 기
다릴 필요가 없다고 생각한다. 대충 이야기를 마친 이반은
'이제 나는' 그런 투쟁을 하기에는 늙었고 어울리지도 않는
다'면서, 알리오킨에게 부탁조로 말한다.

"여보게, 만족하지 말고, 잠들지 말게. 젊고, 강하고, 부유할
때, 부단히 좋은 일을 하게나.… 만약 삶에 어떤 의미나 목적이 있
다면, 우리가 작은 행복이 아니라 사리에 맞고 원대한 무엇을 퍼
트리는 일일 걸세. 좋은 일을 하게!"

이반의 열정적인 설교는 '구즈베리를 먹은 공무원'보
다는 매력적인 인물이나 여성들에 관한 이야기를 듣고 싶
었던 알리오킨과 부르킨에게는 만족스럽지 못했다.
세 사람은 잠자리에 들었고, 탁자에서는 이반의 파이
프가 타고 있었다. 부르킨은 알 수 없는 그 불쾌한 냄새가
걱정스러워 한동안 잠을 이루지 못했고, 밖에서는 밤새도
록 비가 창문을 세차게 두드렸다.

　　1898년 〈작은 3부작 The Little Trilogy〉의 중간 이야기로 발표된 이 작품은 체호프가 만년에 썼으며, 자신이 가장 좋아하는 두 가지 주제, 즉 사회적 부정의와 만족 추구를 자세히 분석했다. 겉으로 보면, 가난한 사람들의 고통을 도외시하는 지주들의 위선을 다루는 것 같지만 이반이 개인적 성공의 공허감을 강조할 때 알 수 있듯이, 계급 분열보다 좀더 민감한 문제도 제기하고 있다. 성공한 사람들은 스스로 불행과는 별개의 존재라고 믿기 때문에 현실을 전혀 인식하지 못한다고 생각하는 이반은 '조만간 삶이 발톱을 드러낼' 것을 알고 있고, 따라서 자신의 성공에도 절망한다. 체호프는 결말 부분에서 최후의 반전처럼 덧붙인 이 표현을 통해 독자들이 지닌 객관적 만족의 의미를 흔들어놓는데, 우리는 삶이 어떤 난관이나 장애에 부딪치지 않는다는 기대를 안고 순항하는 '무엇'인지, 아니면 우리에게 행복보다는 '사리에 맞고 원대한 무엇'을 이해할 기회를 제공하는 것인지 묻지 않을 수 없다.

　　체호프는 이반이 인간에게 필요한 것은 '자신의 자유 정신에 담긴 자질과 개성을 모두 발휘할 공간을 가질' 수 있는 세계를 돌아다닐 자유만 필요하다고 역설하는 대목을 빌려 톨스토이가 제기했던 철학적 의문, 즉 "인간에게 필요한 땅은 얼마만큼인가?”에 답하고 있다.

　이반의 원대한 논리를 보면, 대답보다 의문을 더 많이 던지는 체호프는 독자들에게 스스로 지성과 상상력을 발휘해서 등장인물들의 행동 동기들을 파악하고, 나아가 사건 이면의 의미를 추론하도록 부추기지만, 결국 작품에 묘사된 삽화적 사건들과 등장인물들을 더욱 현실적으로 보이게 만들 뿐이다. 왜냐하면, 우리는 ‘실제 삶’에서 또 무엇이 사람들의 행동을 유발시키는지에 대한 가설도 세워야 하기 때문이다.

　체호프가 자신의 이야기를 극화하는 방식, 즉 어떤 분위기를 이끌어내고 진짜처럼 느껴지는 인물들을 창조하기 위해 사용하는 수사적 기교는 ‘실제 삶’을 살아가고 있는 실제 사람들로 가득 찬 장소라는 인상도 만들어낸다. 그리고 그는 인간 존재들의 사소한 좌절들을 글의 배경으로 우겨넣지 않고, 인물들의 성격을 더욱 구체화하기 위해 그 결점들을 부각시킨다. 예를 들면, 부르킨은 이반이 피우는 파이프에서 나오는 ‘눅눅한 담배’의 ‘역겨운 냄새’ 때문에 잠을 이루지 못하고, 알리오킨이 오랫동안 목욕을 하지 못해 몸을 씻은 물이 갈색으로 변했다는 대목이다. 눈이 예리하고 관심의 폭이 넓어 아무리 사소한 일이라도 인물들의 인간성과 연약한 성질을 입증하기 위해 모두 사용하는 체호프는 (겉보기엔 보잘것없지만) 중요한 세부적 묘사가 풍부

해도 독자들에게 그 훌륭한 기교를 높이 평가해 달라고 강요하지 않고, 문학평론가 모리스 배어링(Maurice Baring)이 〈러시아 문학의 기념비적 작품들 *Landmarks of Russian Literature*〉에서 언급했듯, '결코 자신의 밑천을 분명히 드러내거나 독자들에게 관심을 가져달라고 닦달하지 않는다.' 독자 스스로 작품의 세부사항과 아주 미묘한 부분까지 집어내 감상하도록 내버려두는 것.

"아가피아"

　‘나는’ 종종 두브로브스크 시민농장 경비원 사브카를 만나러 간다. 그 농장은 ‘내가’ 식량과 낚시도구를 챙겨 기약 없이 집을 떠날 때, 소위 ‘혼합’ 낚시를 하기 위해 찾아가는 곳이지만, 실은 낚시보다 평화로운 산책, 아무 때나 먹는 식사, 사브카와의 대화, 고요한 여름밤과의 기나긴 대면 등이 훨씬 더 매력적이었다.

　덩치가 좋고 잘생기고 강인한 스물다섯 살 청년 사브카는 감수성이 예민하고 합리적이며 술은 거의 마시지 않았지만, ‘자기에게 할당된 조그만 땅뙈기’도 경작하지 않았고, 어머니가 구걸을 다녀도 개의치 않으며 게으르게 살았다. 그 이유는 일할 의지, 혹은 힘이 없다거나 어머니를 사랑하지 않기 때문이 아니라 그저 일할 성향이 아니었고 일의 이점도 깨닫지 못했기 때문이었다. 그는 몇 시간이고 똑같은 곳에 눈을 고정시키고 미동도 없이 서 있을 만한 능력을 지닌 인물이었다. 따라서 ‘내 생각에는’ 세금이 밀리자 코뮌에서 노인이나 맡을 시민농장 '경비원이자 허수아비' 일을 맡긴 것 같았다. 그러나 그는 그 일자리가 사색하기에는 더없이 조용하고 편리했으며, 자신의 기질에는 꼭 들어맞았기 때문에 사람들의 비웃음 같은 것에는 조금도 개의치 않았다.

5월 어느 날, 오랫동안 낚싯대를 강에 드리운 채 '나'는 바닥에 더러운 마대 천을 깔고 누워 있었고, 조금 떨어진 곳에는 사브카가 앉아 있었다. 서서히 어둠이 깃들었고, 그가 이야기 듣기를 좋아한다는 사실을 알고 있던 '나는' 사냥책에서 읽은 새들의 이동에 대해 들려주었다. 사브카는 '선생님께서 오실 줄 알았더라면, 그 여자를 오게 하지 않았을 것'이라고 아쉬워하면서 '마치 담배나 죽 이야기를 하듯 덤덤하게' 야코프라는 철도 신호수의 아내 아가피아라고 덧붙였다. '내가 알기로' 그녀는 열아홉 아니면 스무 살이었고, 그 훌륭한 젊은이와 결혼한 지 1년 남짓 되는 새댁이었다. '내가' 무분별하게 불륜을 저지르면 '문제가 생길 것'이라고 경고하자, 사브카는 이미 여자들에게 그렇게 말했지만 신경 쓰지 않더라고 대꾸했다.

사브카는 저녁을 먹자며 보드카와 여러 가지 음식이 담긴 토기를 펼쳐놓으면서, 여자들이 '연민' 때문에 가져온 것이라고 설명했지만, 그의 옷가지에도 '여성스런 연민의 흔적'이 배어 있었다. 사브카의 개가 물이 첨벙거리는 소리를 듣고 으르렁거렸다. 잠시 후, 어둠 속에서 숨을 헐떡이며 나타난 아가피아는 뜻밖에 두 사람을 보고 남편 심부름을 왔다고 둘러댔다. 사브카가 빙그레 웃으며 '이 신사 분께서는 당신이 왜 왔는지 알고 계신다'면서 보드카를 권했다. 어두워서 확실치는 않았지만, '내가 보기에' 아가피아는 사브카에게서 눈을 떼지 못하는 것 같았다. '내가' 방해꾼이 되지 않기 위해 일어섰을 때, 어디선가 나이팅게일이 지저귀기 시작했다. 사브카는 벌떡 일어나더니 새를 잡겠다며 어둠 속으로 사라졌다. 그는 훌륭한 사냥꾼이었지만, 맨손으로 새를 잡는 것 같은 '잔재주'에 재능을 낭비했다.

아가피아는 한동안의 어색한 침묵을 깨고, 이 사실을 아무에게도 말하지 말라고 부탁했고, "알았다"고 대답한 '나는' 야코프에게 들키면 어쩌려고 이토록 무모한 짓을 하느냐고 물었다. 그녀는 언제나 남편보다 먼저 집에 도착하고, 여기서는 남편이 타고 오는 우편열차 소리가 들리기 때문에 괜찮다면서도 잠시 후 기차 소리가 들리자 불안한 모습을 감추지 못했다.

마침내 어둠속에서 나타난 사브카가 나이팅게일을 잡지 못한 사정을 늘어놓았다. 둘만의 시간을 주기 위해 산책을 나갔다 돌아온 '나는' 사브카의 무릎에 얼굴을 묻고 '보드카, 사브카의 모욕적인 애무, 숨 막힐 듯한 밤의 따사로움에 깊이 취해' 땅바닥에 누워 있던 아가피아에게 '오래 전에 돌아갔어야 했다'고 재촉했고, 마지못해 일어났던 그녀는 '저항할 수 없는 강력한 힘에 떠밀리듯' 다시 쓰러졌다. '나는' 강가로 나가 별들을 바라보았다. 멀리서 야코프가 아내를 부르는 소리가 들렸고, 이어 농장 쪽에서 술에 취한 채 사브카와의 짧은 행복으로 다음날의 비참한 생활을 만회하려는 아가피아의 웃음소리가 들려왔다.

이튿날 아침, 사브카가 가볍게 어깨를 흔들어 '나를' 깨웠다. 아가피아는 강을 건너 집으로 돌아가고 있었다. 사브카는 그녀가 '아주 호되게 당할 것'이라고 냉담하게 말했다. 잔뜩 겁을 집어먹은 아가피아는 도움을 청하듯 뒤를 돌아보며 갈지자걸음, 제자리걸음, 뒷걸음질을 치며 들판을 가로질러 '전봇대처럼' 꼼짝 않고 서 있는 남편을 향하다가 다시 한번 뒤를 돌아보고 주저앉았다. '나는' 사브카에게 '최소한' 덤불 뒤에 몸이라도 숨기라고 말했지만, "아낙네들이 한밤중에 양배추를 뽑으러 시민농장에 나오는 것이 아니란 사실은 누구나 알고 있다"는 대꾸와 함께 '파리하고 일그러진' 사브카의 얼굴에서는 '고문당하는 동물을 바라보는 사람에게서 나타나는 짠한 연민'이 묻어났다. 그때 갑자기 모종의 결심을 한듯, 아가피아가 벌떡 일어나더니 남편을 향해 발걸음을 옮겼다.

1886년, 이 작품이 발표되자 드미트리 그리고로비치*는 아주 기뻐했다. 데이비드 마가섀크에 따르면, 그리고로비치는 체호프에게 편지를 보내 "진정한 예술가만이 "아가피아" 같은 이야기를 쓸 수 있다.… 단 하나의 단어나 움직임에서도 그 이야기가 '꾸민 것'이란 느낌이 들지 않게 그 속에 담긴 것은 모두 진실이고, 그 속에 담긴 것은 모두 실제 삶에서 그대로 일어날 수 있는 것들이다"고 강조하고, 나아가 체호프를 톨스토이와 투르게네프에 비유했다. 위대한 작품의 특징들을 많이 지닌 이 작품은 당연히 그 정도의 호평을 받을 만하다. 체호프는 최소한의 단어 사용으로 최대의 효과를 내는 기법을 통해 풍요로우면서도 간결한 묘사를 이끌어내고, 놀랄 만큼 섬세한 묘사는 배경과 분위기를 생생하게 재현하는 한편 등장인물들도 그만큼 더 사실적으로 만든다. 예를 들어, "그는 마음이 동하면 즉시 행동에 돌입한다.… 개꼬리를 붙잡고, 여자가 머리에 두른 수건을 찢어버리고, 땅에 넓은 틈새가 있으면 껑충 뛰어넘어간다"는 묘사에서는 사브카의 미숙하고 변덕스러운 성격이 나타나며, '나를' '선생님'으로 칭하고 아가피아에게는 "난 네가 오늘 밤엔 오지 않는구나, 하고 생각하던 참이었어"라

---

* **드미트리 그리고로비치**(Dmitry Grigorovich, 1822-99): 러시아 소설가. 초기에는 자연주의 작품들을 발표했으나 1840대 후반부터는 주로 빈농계급을 다뤄 농노제 폐지에 일조했다. 주요 작품은 〈불행한 안톤〉 등.

는 말투에서는 상류층의 일원은 아니라는 사실을 보여준다.

마찬가지로, 체호프는 현지의 풍경과 자연의 아름다움도 간결하지만 풍요로운 문체로 표현하고 있으며, 적절한 속도로 전개되기 때문에 시의 서정성이 풍긴다. 이 작품을 읽노라면 마치 한 편의 음악을 듣는 듯하고, 그 음악의 화음과 리듬도 자연의 음악성을 일깨워준다. 새들은 지저귀고, 곤충들은 찌르륵거리며, 나이팅게일은 밤의 정적을 깨고 노래한다. 체호프는 심지어 사브카와 아가피아의 정사에 담긴 의설적 요소들을 생생하게 살리면서도, 두 인물의 본질적 인간성은 존중한다. 따라서 사브카가 '여자들을 경멸했다'는 표현은 혼자 있고 싶은 마음이 절실했기 때문이라고 해석할 수 있다.

1917년, 레너드 울프*는 한 주간지에 체호프는 '타협하지 않는 현실주이자'이면서도 "손가락들의 가장 끝부분으로 실제 삶의 작은 조각 하나를 집어 들어 아주 섬세한 마음가짐과 기술로 단어들을 꿰어 책으로 묶어냈다"고 썼다. 산문을 솔직하면서도 정교하게 다루는 작가의 능력은 아가피아와 사브카의 간통 대목 "아가피아는 사브카의 무릎에

---

* **레너드 울프**(Leonard Woolf.): 영국 정치이론가, 소설가. 1930년대에 사회주의적인 협동과 국제 정부의 필요성을 역설했으며, 자유·민주주의·평등·관용 등에 대한 파괴가 임박했다고 경고했다. 자살한 아내 버지니아 울프의 유작과 일기를 편집·출간했다. 주요 작품은 〈대홍수 이후〉 등.

얼굴을 묻고 보드카, 사브카의 모욕적인 애무, 숨 막힐 듯한 밤의 따사로움에 깊이 취해 땅바닥에 누워 있었다”에 잘 나타나 있다. 이처럼 체호프는 등장인물들을 아주 부드럽게 다루면서도 그들의 지저분하고, 비극적이고, 가슴 아픈 요소들을 주저 없이 기록했다.

체호프는 이 같은 문학적 기법을 다른 작품들에서도 많이 사용했지만, “아가피아”는 한 가지 중요한 측면, 즉 주인공이 무언가를 깨달았다는 강렬한 느낌을 주며 끝난다는 점에서 차이가 있다. 그녀는 처음에는 남편을 마주하기가 두려워 시간을 질질 끌며 걷지만, 나중에는 당당히 다가간다. 분명히 체호프는 우리의 예상을 깨며 갑작스런 반전을 꾀하고 있지만, 아가피아는 자신이 이미 결혼생활을 위태롭게 만들었다는 사실을 인식하고 있기 때문에 철저한 자포자기의 심정으로 남편에게 다가가는 것이 분명하며, 이런 결말이 맞을 것 같다. 여기서도 체호프는 다음에 벌어질 일에 대한 추측은 독자들 몫으로 남겨둔다.

다음은 주요 인용구 해설입니다.

1. 코브린은 자신이 하느님께 선택받은 소수 가운데 한 사람이자 천재라고 믿었고, 과거에 수도승과 나눴던 대화가 생생하게 떠올라 말을 하려고 애썼다. 그러나 피가 목구멍에서 나와 가슴 위로 흘러내리자 자기도 모르게 손으로 가슴을 쓸어내리면서 소맷부리는 피로 흠뻑 젖었다.… 그는 타냐를 불렀고, 이슬을 머금은 아름다운 꽃들이 가득 찬 거대한 과수원을 떠올렸고, 넓은 정원, 뿌리가 무성한 소나무들, 호밀밭, 자신의 놀라운 깨달음, 젊음, 용기, 환희 등, 너무나 아름다웠던 삶을 떠올렸다. 얼굴 옆의 바닥에는 피가 흥건하게 고여 있었고, 힘이 없어 말은 한 마디도 할 수 없었지만, 온몸에는 형용할 수 없는 무한한 행복감이 넘쳐흘렀다. 베란다 아래에서는 사람들이 세레나데를 연주하고 있었고, 검은 수도승은 "자네는 천재였고, 나약한 인간의 육체가 균형을 잃어 더 이상 천재의 인간 의복 역할을 할 수 없기 때문에 죽어가고 있는 것이라네"라고 속삭였다. 바르바라가 잠에서 깨어 칸막이 뒤에서 나왔을 때, 코브린은 죽어 있었으며, 얼굴에는 행복에 겨운 미소가 굳어 있었다.

   ― "검은 옷을 입은 수도승"의 결말 부분. 명확하고 충격적인 클라이맥스에 이르는 체호프 식 '서프라이징 엔드'의 좋은 예이며, 따라서 그가 다른 작품에서 즐겨 쓰는 이른바 '제로 엔딩'과는 대조적이다. 이 단락에는 질병(폐결핵), 정신병, 그리고 인간의 만족추구 등, 체호프가 즐겨 다루는 여러 주제가 통합되어 있다. 코브린의 환각 상태는 어린 시절의 기

억과 어우러져 광적이지만 이상하게 심금을 울리는 장면을
연출한다. 코브린은 비록 죽지만, 지극한 깨달음의 순간에
더없이 만족하며 입술에는 '행복에 겨운 미소'를 머금고 있
기 때문이다. 이처럼 체호프는 주인공의 정신병에 기묘한 이
중성을 부여하면서, '무한한 행복'을 구할 수 있을 뿐만 아
니라 파괴할 수도 있는 병으로 간주하고 있다.

　항상 그렇듯, 상세 묘사를 중시하는 체호프는 코브린의
소맷부리가 피에 흠뻑 젖었으며, 그 주인공이 나무의 '무성
한 뿌리'와 꽃들에서 '반짝이는' 이슬을 떠올렸다는 등, 마지
막 순간의 상황을 세세하게 재현함으로써 그의 죽음을 더욱
실감나고 감동적으로 보이게 만들고 있다.

2.　그 관리는 썰매에 올라타고 멀어지다가 갑자기 돌아서더니 소리쳤
다. "드미트리!" "뭐라고?" "오늘 저녁 자네가 했던 말이 맞았어.
철갑상어는 약간 상했어!" 그 말들은 일상적인 것이었지만, 무슨
이유에선지 구로프는 화가 치밀면서, 모멸적이고 더럽게 느껴졌다.
정말 돼먹지 않은 인간이구먼! 너무 무의미한 밤들인데다, 재미없
고 시시한 날들이었어. 온통 카드놀이, 폭식, 만취, 늘상 똑같은 이
야기뿐. 쓸데없는 여흥과 항상 똑같은 주제의 대화는 대부분의 시
간, 대부분의 힘을 잡아먹어 결국에는 세속적이고 짧고, 쓰레기 같
은 인생만 남겨주며, 마치 정신병원에 수용되거나 징역살이를 하는
것처럼 피하거나 달아날 수 없다.

　— "개를 데리고 다니는 여인." 자신의 좀스러운 존재가 권
태로운 드미트리 구로프는 순진한 연인 안나를 잊지 못한다.
구로프와 관리의 대화는 중요한 점을 시사하는데, 체호프는
그것을 통해 모스크바 사회의 천박한 관심사를 보여준다.

　구로프는 자신의 처지를 마치 감옥에 수감된 죄수나 병
원에 강제 수용된 정신병자로 묘사하는데, 이처럼 감금과 함
정에 빠진 인간을 주제로 삼고 분석한 체호프의 작품은 많다.

따라서 빈곤에 빠져 허덕이는 환경이든, 아니면 단조롭고 변화 없는 시골 생활에 갇혀 있든, 대다수 주인공들은 삶에 대한 불만감을 마음속에 키우고 있다.

3. 어딘가 멀리서 알락해오라기가 울었다. 외양간에 갇힌 소처럼 공허하고 처량한 소리로. 그 신비로운 새의 울음은 봄이면 어김없이 찾아오건만, 어떻게 생겼는지, 어디에 사는지 아무도 몰랐다. 병원 옆에 있는 언덕 꼭대기에서, 연못가 숲속에서, 그리고 나이팅게일이 지저귀는 근처 들판에서. 그 뻐꾸기는 누군가의 나이를 계속 세다가 셈을 잊고 다시 시작하기를 반복한다. 연못에서는 개구리들이 화가 나 상대를 향해 목청이 터져라 힘껏 울어재끼는데, 심지어 이런 소리가 들리는 것 같다. "네 놈이 그렇지! 네 놈이 그렇지!" 정말 엄청난 소음이었다. 마치 그 봄날 밤 아무도 잠자지 못하도록, 그래서 모든 것들, 심지어 성난 개구리들조차 매순간을 음미하고 즐길 수 있도록, 그 녀석들이 모두 나와 노래하고 고함치는 것 같다. 오직 한 번뿐인 삶… 아, 한밤의 광활한 들판, 그 노래 속에서 너 자신이 노래할 수 없다면, 그리고 끊임없는 환희의 외침 속에서 너 자신이 즐거울 수 없다면 얼마나 외로울까. 지금이 봄인지 겨울인지, 사람들이 죽었는지 살았는지 아무런 관심도 없는 똑같이 외로운 달이 내려다보고 있을 때…

— "골짜기에서" 8장. 인간에 대한 자연의 무심함을 표현하고 있으며, 체호프의 소설에 자주 등장하는 주제다. 개구리들이 서로 부른다는 부분은 재미난 의인화적 표현이지만, 인공 세계에서 잃어버린 자연을 부각시키고, 체호프가 자연계의 기이한 소음에 매료되었다는 사실을 잘 보여주는데, 나이팅게일의 지저귐이나 다른 동물들의 노래와 울음소리처럼 외견상 하찮은 상세 묘사는 인간이 존재하든 말든 삶은 계속될 것이란 암시다. 특히, 달은 자연의 '끊임없는 환희의 외침'에 '아무런 관심도 없다'는 묘사는 인간이 고통을 겪고 슬퍼하더라도, 자연세계는 개의치 않고 계속된다는 사실을

넌지시 말하는 것이다.

4.　사람에게는 6피트의 땅만 필요하다는 말은 멋지다. 그러나 6피트
의 땅은 시체에게나 필요하지, 인간에게는 그렇지 않다. 그리고 사
람들은 또 지식층이 땅에 매력을 느끼고, 농장 소유를 염원하는 것
도 좋은 현상이라고 말한다. 그러나 그 농장들도 6피트의 땅과 다
를 게 없다. 도시에서, 생존투쟁에서, 분주한 삶에서 벗어나 자기
만의 농장으로 들어가 폭 빠져 산다는 것, 그것은 삶이 아니고, 이
기주의이자 게으름이다. 그것은 일종의 금욕생활이지만, 선행 없는
금욕생활이다. 사람에게는 6피트의 땅이나 농장이 필요한 것이 아
니라, 자신의 자유정신에 담긴 모든 자질과 개성을 발휘할 공간을
가질 수 있는 온 세상, 모든 자연이 필요하다.
　— "구즈베리". 이반이 러시아 지주의 탐욕을 통렬히 비판
하는 대목인데, 사람은 '6피트의 땅만 필요하다'는 톨스토이
의 주장을 반박하고, 인간의 해방은 지구를 돌아다닐 수 있
는 자유에 의존한다면서 정신적으로 한가로이 거닐 수 있는
'온 세상'이 필요하다고 강조하고 있다. 그러나 체호프의 많
은 작품은 주변 환경에 억압받고 운명의 변덕 때문에 고통
받는 사람들을 그리고 있다. 이 작품에서는 작가가 이반의
이상주의를 찬양하면서도 그 무용성을 인정하는 것은 아닌
지 궁금증을 자아낸다.

5.　로샤딘은 여러 차례 방을 들락거리며 차 도구들을 치웠고, 입맛을
다시며 가끔씩 한숨을 쉬고 쿵쾅거리면서 식탁 주위를 계속 돌다가
마침내 작은 램프를 들고 밖으로 나갔다. 리친은 길고 새하얀 머리
와 등이 굽은 그의 뒷모습을 보며 생각했다. "오페라에 나오는 마
술사 같군." 날이 어두워졌다. 달은 구름 뒤에 숨어 있는 것이 분명
했다. 창문과 창틀에 쌓인 눈을 뚜렷이 볼 수 있었기 때문이다. "우
~~~!" 소리와 함께 폭풍이 불고 있었다. "우~~~~!" "호올
~리 세에~인츠!(신성한 성자들이시여!)"라며 다락방에서 어떤
~~~

여인이 울부짖었다. 아니 그런 소리가 났다. "호올~리 세에~인 츠!" "덜컹!"하며 밖에서 뭔가가 벽에 세게 부딪치는 소리가 났다. "쾅!" 치안판사가 귀를 기울였다. 꼭대기에 여인은 없었고, 바람이 윙윙거리는 소리였다.

— "공무로." 체호프가 사람들의 사소한 일상에 매료된 사실을 보여주는 예. 나라에 대한 책임감 때문에 힘겹게 살고 있는 허리 굽은 경찰관 로샤딘은 우스꽝스러우면서도 측은하다. 치안판사는 처음에는 시골농부들을 무시하면서도 그들의 미신에는 신경을 쓰는 것 같다. 즉, 밤에 들리는 괴이한 소리에 불안감이 생기고, 다락방에 있는 여자의 목소리라고 생각하는 것. 독자들은 "호올~리 세에~인츠!(신성한 성자들이시여!)" 같은 어처구니없는 소리에 웃을지 몰라도 체호프는 그 소리를 통해 진지한 주제를 전달하는데, 궁극적으로 치안판사가 주변세계와 자기보다 불행한 사람들의 불만에 불안해한다는 느낌을 지울 수 없다.

수록 작품들: 아가피아; 검은 옷을 입은 수도승; 귀여운 여인; 베짱이; 구즈베리; 골짜기에서; 개를 데리고 다니는 여인; 공무로; 부활절 전날 밤

작가: 안톤 체호프 Anton Chekhov

작품 유형: 소설

장르: 단편소설

언어: 러시아어(1903년, 최초로 영어 번역); 지역 방언과 계층 특유의 어투 사용

집필 시기와 장소: 1886년부터 1901년까지 러시아의 모스크바와 얄타 지방

초판 발행일: 1886년부터 이후, 여러 전문지와 정기간행물에 실렸으며, 영어판은 1903년 처음 출판

출판사: 뉴 타임스 New Times 같은 문예지들

화자: 대부분 3인칭 서술이지만, "아가피아," "부활절 전날 밤" 등은 1인칭

클라이맥스: 체호프의 소설에는 극적 클라이맥스가 있으나, 사람들 삶의 사소한 세부 사항과 평범한 사건들의 묘사에 치중하는 경향이 있다. 대체로 클라이맥스들에는 등장인물들이 자신의 도덕성에 의심을 품는 순간들이 포함되어 있으며, 작품 중간 부분에서 발생한다. 예를 들어, "베짱이"의 올가는 '진실이 드러나는 순간,' 즉 자신이 사태를 착각했다는 것을 새롭게 깨닫는 순간을 경험한다. 이따금 "검은 옷을 입은 수도승"에서 코브린이 피를 흘리고 죽어가며 환각상태에 빠지는 것처럼 결말 부분에 클라이맥스가 나오는 경우도 있

지만, 생각보다 적다. 대개 체호프는 우리의 허를 찌르고, 결말에 대한 추측을 독자들 몫으로 남겨두는데, "개를 데리고 다니는 여인"과 "귀여운 여인" 등이 좋은 예다.

주인공: 젊은이, 늙은 사람, 멀쩡한 사람, 정신병자, 지주, 농부 등, 당시 러시아의 다양한 계층을 망라한다. 이를테면, "검은 옷을 입은 수도승"에서는 자신의 천재성을 확신하는 정신병자(코브린), "골짜기에서"에서는 욕심 많고 오만한 지주(그리고리 치부킨), "구즈베리"에서는 오만한 지주의 작태를 비난하는 사람(이반), "공무로"에서는 사회에 불만이 많은 젊은 치안판사 등.

여자 등장인물들도 다양하기는 마찬가지다. "귀여운 여인"에서는 바보 같지만 귀여운 미망인(올가), "개를 데리고 다니는 여인"과 "아가피아"에서는 남편에 불만이 많은 젊은 아내(안나와 아가피아), "베짱이"에서는 사교광(올가) 등. "아가피아"와 "부활절 전날 밤"에서 등장하는 익명의 화자들('나')은 상류층의 일원인 것 같다.

배경(시간): 19세기 말, 제정 러시아

배경(장소): 대부분 이름이 밝혀지지 않은 러시아의 지방 소도시 또는 시골

관점: 체호프는 작가의 목소리를 잘 내지 않고, 등장인물에 따라 관점을 달리한다. 따라서 경박하기도 하고, 진지하기도 하며, 우울하거나 실성하거나 순진한 어린이 같기도 하다.

하강(클라이맥스 다음 이야기): 체호프의 작품들은 흔히 절정 없이 끝나거나, 다음에 일어날 일에 대한 추측을 독자의 몫으로 남긴다. "개를 데리고 다니는 여인"은 갑자기 끝나기 때문에 독자들은 사건이 어떤 결말을 맺을지 상상하지 않을 수 없게 된다.

시제: 가까운 과거

어조: 비애감과 유머를 적절히 섞어 역설적이면서도 섬세한 목소리를 내고 있다.

주제: 죽음과 질병; 환멸과 실패한 이상들; 귀족 사회의 붕괴 등

모티프: 의사소통과 의사소통의 단절; 자연세계

상징: 밤하늘; 음식과 술

전조: 대개 독자들에게 다음에 일어날 일을 추측할 수 있는 단서를 제공하지만, 사건의 내용을 미리 암시하는 기법을 쓰기도 한다. 예컨대, "검은 옷을 입은 수도승"에서 코브린의 환각상태는 그가 최후에 정신병자로 전락한다는 사실을 암시한다.

다음 질문에 대해 간단히 서술하시오.

1. **체호프는 작품 속에서 자연세계를 어떻게 활용하는가?**

    — 체호프의 작품들은 줄거리가 끌고 가기보다는 삽화풍의 사건이 풍부하고 인상적이다. 따라서 자연세계는 하루하루 똑같이 흘러가는 경향이 높은 평범한 삶의 변화되는 배경을 형성한다. 등장인물들은 단조로운 일상생활을 쫓아가는 반면, 자연은 활짝 피거나 거친 변화를 겪는데, 특히 체호프는 자연의 세부 내용에 초점을 맞춰 '난장판 파티' 같은 눈보라, 달빛을 받아 반짝이는 바다의 색조, 새와 곤충들의 끊임없는 울음소리를 신나게 묘사한다. 이 같은 특징은 체호프의 작품들이 지닌 극적 주안점을 나타낸다. 자연과는 대조적으로, 인류의 관심사는 사소한 것처럼 보이는 한편, 인간 자신들은 대단히 연약한 존재로 그려지고 있다.

    체호프는 모든 계층의 등장인물들과 자연세계의 관계에도 초점을 맞췄다. 기본적으로는 농부들이 귀족이나 지식인들보다 자연과 더 밀접한 관계를 맺고 있다. "골짜기에서"의 리파는 치부킨의 저택에서 틀어박혀 있는 것보다 밭을 갈 때 더 행복한 반면, 상류층 인물들은 자연의 미적인 면에 더 관심을 보인다. 즉, "개를 데리고 다니는 여인"의 안나와 구로프는 얄타의 장엄한 아름다움에 감탄하는 것. 그런가 하면, "구즈베리"에서 이반의 동생은 장원을 사서 구즈베리를 길러 부를 과시하고 싶어한다. 이처럼 작가는 대부분의 귀족들에게 땅은 확실히 부, 명성, 귀족 지위와 동일시되는 개념이라고 암시하면서 자연을 두 방향에서 보고 있다. 즉, 봉건사회에 대한 자연세계의 중요성을 분석하는 동시에 자연세계가 인간과 갖는 상징적 관계를 조망하는 것.

2.   할아버지는 농노였으나 학식이 높은 전업 작가 체호프는 어떤 문체
      상의 목적을 위해 계급의 경계선을 넘나들며 다양한 계층에 속한
      등장인물들의 관점을 취했는가?

      ― 체호프의 문체는 철저히 객관적이며, 어떤 작품에서도
      작가의 목소리를 찾아내기 어렵다. 대신, 시각을 쉽게 이동
      하면서, 주인공들의 관점에서 이야기를 풀어나간다. 예컨대,
      "골짜기에서"는 마치 여러 사람의 눈으로 사건의 추이를 주
      시하는 것처럼 순박한 시골처녀와 탐욕스러운 지주의 시각
      을 오가며 서술되어 있다. 이 기법을 통해 체호프는 우리의
      반응을 복잡하게 하고, 등장인물들을 더욱 현실적으로 보이
      게끔 만든다. 이처럼 작가의 의도를 포기함으로써 도덕적 판
      단을 유보하고, 독자들 스스로 등장인물들을 평가하도록 유
      도하는 것.

3.   체호프는 작품에서 사랑 문제를 어떻게 다루고 있는가? 왜 모든 등
      장인물의 애정관계는 실패가 예정된 것처럼 보이는가?

      ― 주인공들의 애정관계는 대체로 끝에서 시들거나 비극적
      결말을 맞는다. 예컨대, "검은 옷을 입은 수도승"에서 코브
      린과 타냐의 결혼생활은 붕괴되고, "귀여운 여인"에서 올가
      는 두 명의 남편과 연인 하나를 잃고, "베짱이"에서는 오시
      프가 죽으면서 아내는 청상과부(靑孀寡婦)가 된다. 아가피
      아와 사브카의 외도도 복잡하게 변질되고 어색하게 끝나는
      데, 유일하게 잘 풀리는 "개를 데리고 다니는 여인"의 안나
      와 구로프의 관계도 결국 주인공들 자신이 그 사랑 때문에
      십중팔구 고통과 나쁜 평판을 안겨줄 것이란 사실을 인식하

는 불확실한 상태로 끝난다는 점에서 체호프 작품 속의 냉혹한 현실을 잘 알 수 있다.

문제는 왜 이 단편들에서 지속적인 애정관계가 그토록 드문가, 하는 점이다. "베짱이"에서 볼 수 있듯, 주인공들은 대체로 개인적 야망을 위해 사랑을 희생하는데, 작가는 그들이 강박관념에 사로잡혀 있으며 삶에서 가치 있는 무언가를 박탈당하면서도 인식하지 못한다는 점을 암시하고, 따라서 간접적으로 사회 속에서 솔직한 의사소통과 이기심 없는 태도의 중요성을 강조하고 있는 셈이다. 그러나 불행하게도, 폐쇄적이고 계급적이던 제정 러시아의 문화에서는 열린 마음과 이타심은 아주 진귀한 덕목이었다.

4. 체호프 작품 속의 여자들은 주로 장식적인 존재인가, 아니면 강한 개성을 드러내고 있는가? 작가는 사회 속에서의 공정한 남녀관계에 의문을 제기하기 위해 여성들을 어떻게 사용하고 있는가?

5. 체호프 작품 속의 나이 많은 인물들은 문화적 지혜의 보고(寶庫)인가, 아니면 시대에 뒤진 사회 질서에만 집착하는 어리석은 노인에 불과한가?

6. 강력한 도덕적 주장이나 뚜렷한 논조를 취하지 않는다는 평가를 받는 체호프의 3인칭 서술 형식과 등장인물들에 대한 이중적 태도는 어떤 식으로 그의 공평한 태도를 암시하는가?

7. 체호프의 작품들은 웃기면서도 비극적이며, 겉으로는 경박해 보여도 매우 심오하다. 작품 속의 유머는 독자들이 등장인물들의 고통을 느끼지 못하도록 만드는가, 아니면 그 인물들의 경험을 더욱 현실적으로 보이게 하는가?

다음 질문에 알맞은 답을 고르시오.

1. "베짱이"에 등장하는 오시프는 아내가 개최하는 저녁 파티에서 어떤 일을 하는가?

   A. 부교수 승진 이야기로 손님들의 마음을 사로잡는다.

   B. 음식을 조리한다.

   C. 종을 울려 식사시간을 알린다.

   D. 미술, 드라마, 음악에 대한 대화에 동참한다.

2. 올가가 화가 랴보프스키와 함께 찾는 강은?

   A. 볼가 강

   B. 다뉴브 강

   C. 템스 강

   D. 센 강

3. '귀여운 여인'과 사별한 두 남편의 직업은?

   A. 지주와 신부

   B. 극장주와 목재상

   C. 양모 상인과 수의사

   D. 군의관과 상점주인

4. "귀여운 여인"에서 연인이자 수의사 스미르닌을 당혹스럽게 만드는 올가의 행위는?

   A. 손님들 앞에서 키스한다.

   B. 가축들의 질병에 대해 스미르닌의 생각을 앵무새처럼 모방한다.

   C. 연극에 대한 열정을 이야기한다.

D. 엄마가 되지 못하는 슬픔을 표시한다.

5.   "아가피아"에서 사브카가 연인과 '나'를 남겨두고 자리를 뜨는 이
     유는?

A. 나이팅게일을 잡기 위해

B. 낚시를 가기 위해

C. 아가피아의 남편을 피해

D. '나'와 아가피아에게 둘만의 시간을 주기 위해

6.   "구즈베리"에서 구즈베리 열매의 의미는?

A. 지주 알리오킨이 손님들에게 대접하는 것

B. 농부들의 일거리

C. 자연과 더불어 살아가는 소박한 삶

D. 이반의 동생이 지주가 되어 구즈베리를 재배하게 된 과정을 설
   명해 준다.

7.   "구즈베리"에서 이반이 '행복하고 만족스러워하는 모든 사람'의 문
     뒤에 서 있기를 바라는 사람은?

A. 잔소리하는 아내

B. 망치를 든 사람

C. 불행한 농부

D. 곡괭이를 든 정신병자

8.   "부활절 전날 밤"에서 뱃사공 제롬이 불행한 이유는?

A. 사람들을 배에 태워 강을 건네주는 일이 싫기 때문

B. 폐결핵으로 죽어가기 때문

C. 친구 니콜라스 부제의 죽음이 애석하기 때문

D. 어둠을 싫어하기 때문

9.   제롬이 주장하는 니콜라스 부제의 특기는?

    A. 충고

    B. 친구의 고민 청취

    C. 사람을 배에 태워 강을 건네주는 일

    D. 성인들에게 바치는 노래들의 작곡

10.   '검은 옷을 입은 수도승'은 코브린을 어떤 사람이라고 지칭하는가?

    A. 철저하게 미친 사람

    B. 환각 증세를 보이는 평범한 교수

    C. 천재이자 하느님께 선택받은 사람

    D. 신앙심이 없는 지주

11.   "검은 옷을 입은 수도승"에서 코브린과 타냐의 결혼생활이 깨지는 이유는?

    A. 타냐가 다른 사람과 사랑에 빠졌기 때문

    B. 코브린이 정신병 치료를 받은 뒤 적대적이고 잔인한 사람으로 변했기 때문

    C. 코브린이 불륜을 저질렀기 때문

    D. 타냐가 폐결핵에 시달리는 남편을 감당할 수 없었기 때문

12.   "공무로"에서 경찰관 로샤딘이 직무완수에 필요하다면 기꺼이 고통을 감수하겠다고 말하는 이유는?

    A. 다른 누구도 그의 일을 대신할 수 없기 때문에

    B. 지주들이 후하게 사례하기 때문에

    C. 흥미로운 사람들을 많이 만날 수 있기 때문에

    D. 그것이 자기의 직무이기 때문에

13. "공무로"에서 사인규명이 이틀 동안 연기되는 이유는?

A. 의사 스타첸코가 자살하기 때문

B. 시체가 사라졌기 때문

C. 눈폭풍이 마을을 강타했기 때문

D. 리친이 신경쇠약에 걸렸기 때문

14. "골짜기에서"에서 리파의 아기 니키포르의 사망 원인은?

A. 아크시니아가 끓는 물을 끼얹는다.

B. 치부킨이 목을 조른다.

C. 리파가 밥을 주지 않는 바람에 굶어 죽는다.

D. 아버지가 창밖으로 던진다.

15. 체호프는 "골짜기에서"에서 아크시니아의 미소를 어떻게 묘사하는가?

A. 교활하다.

B. 심술궂다.

C. 순박하다.

D. 우둔하다.

16. "골짜기에서"에서 거지들이 동냥을 요구했을 때, 치부킨의 반응은?

A. 동전 몇 닢을 던져준다.

B. 집에서 밀조한 보드카를 조금 준다.

C. 마차를 몰고 달아나면서 "하느님께서 준비하실 것이다!"라고 외친다.

D. 막대기로 때린다.

17. "개를 데리고 다니는 여인"에서 구로프가 생각하기에 안나를 닮은 사람은?

A. 그의 딸

B. 그의 아내

C. 유명한 러시아 여배우

D. 여제(女帝)

18. "개를 데리고 다니는 여인"의 결말은?

A. 구로프가 자살한다.

B. 안나가 폐결핵으로 죽는다.

C. 안나와 구로프는 각각 배우자와 이별한 뒤, 얄타로 가서 행복하게 산다.

D. 안나와 구로프는 서로 사랑을 고백하고 불확실하지만 희망찬 미래를 모색한다.

정답

1. C   2. A   3. B   4. B   5. A   6. D   7. B   8. C   9. D   10. C

11. B   12. D   13. C   14. A   15. C   16. C   17. A   18. D